남자의 인생에서 가장 중요한 한 해

From. _____

To. _____

Originally published in the U.S.A. under the title *Most Important Year in a Man's Life*
copyright ⓒ 2003 Robert D. Wolgemuth and Mark DeVries
Korean edition ⓒ 2004 by SFC with permission of Zondervan through the arrangement of KCBS Literary Agency.

이 책의 한국어판 저작권은 KCBS, Inc를 통해서 Zondervan과 독점계약한 SFC출판부에 있습니다. 저작권법에 따라 한국에서 보호를 받는 저작물이므로 무단전재와 복제를 금합니다.

* 이 책에서 인용한 성경 구절은 대한성서공회 개역개정판 성경에서 인용하였습니다.

남자의 인생에서 가장 중요한 한 해

초판 1쇄 발행 2004년 11월 25일
개정판 1쇄 인쇄 2018년 4월 10일
개정판 1쇄 발행 2018년 4월 18일

지은이 로버트 월게머스 & 마크 데브리스
옮긴이 최광수 & 이성옥
펴낸이 이의현
펴낸곳 SFC출판부
등록 제 114-90-97178
주소 (137-803) 서울특별시 서초구 고무래로 10-5 2층 SFC출판부
Tel (02)596-8493
Fax 0505-300-5437
홈페이지 www.sfcbooks.com
이메일 sfcbooks@sfcbooks.com

기획·편집 SFC출판부
디자인편집 최건호
영업마케팅 이정은

ISBN 979-11-87942-24-5 (03230)

값 14,000원

잘못 만들어진 책은 언제든지 교환해 드립니다.

남자의 인생에서 가장 중요한 한 해

로버트 윌게머스 & 마크 데브리스 지음
최광수 & 이성옥 옮김

SFC

차례

감사의 말 **7**

서문 **9**

1장
가장 중요한 해
맞이한 아내를 즐겁게 할지니라 **15**

2장
요구
"Yes"의 나선 **29**

3장
영적 연합
정말 중요한 데 투자하자 **43**

4장
원(源)가정
흐르는 강물처럼 **57**

5장
역할
당신이 높은 자리에 앉으려고 할 때 **75**

6장
대화
말로 하는 전희 **89**

남자의 인생에서 가장 중요한 한 해

7장
우정
친밀한 부부가 되는 비결 **105**

8장
갈등
당신만이 산불을 방지할 수 있다 **123**

9장
돈
웅크린 호랑이, 숨어 있는 위기 **141**

10장
섹스
경기 시작 **161**

11장
처가와 본가
이들은 누구이고, 내게 무엇을 원하는가? **189**

12장
조력
무언가 변화가 필요할 때 **207**

『여자의 인생에서 가장 중요한 한 해』와 만나기 **227**

주 **250**

감사의 말

이 책은 모든 면에서 팀 작업이었다. 물론 가장 중요한 역할을 한 사람은 마크와 수잔 데브리스였다. 거의 18개월간 이 책을 쓰면서 며칠씩 모여서 각 장의 주제를 계획하고 구성해 나갔다. 책의 구조가 거의 짜였을 때도 한 낱말 한 문장을 완성하기까지 수없이 전화하고 이메일을 주고받았다. 우리는 마크와 수잔에게 더없이 깊이 감사한다. 단지 이 책을 함께 쓴 동역자라서만이 아니라, 이들이 지난 25년간 우리 가정에 끼친 영향력 때문이다.

우리는 아이들이 자라는 동안 하나님께 우리 자녀들을 조건 없이 사랑해 줄 어른을 보내 주실 것을 기도한다. 아이들의 영성에 영향력을 줄 사람과, 인생을 좌우할 중요한 결정을 내리는 데 도움을 줄 수 있는 사람을 붙여달라고 기도한다. 배우자를 선택할 '보는 눈'을 갖게 해 줄 선생님과, 자녀와 그들의 배우자를 만나 줄 사람, 결혼식 주례를 서 줄 좋은 어른이 옆에 있어 주기를 바란다. 그런데 하나님께서는 마크와 수잔 데브리스 단 한 부부를 통해서 우리 가정의 이 모든 필요를 다 채워 주셨다. 어떤 말로도 이 소중한 친구들에게 다 감사하지 못할 것이다.

우리 네 사람은 이 책의 초고를 완성했을 때 원고를 솔직하고 현명한 몇몇 친구들에게 나누어주고 솔직한 의견을 구했다. 우리는 아심, 콜린 알더만, 젠 벡슬리, 제인 칼라한, 존과 앵지 길라움, 캘빈 머서, 샤론 메로시, 그리고 데이빗과 와인 맥팔린, 키이스와 수잔 로즈, 존과 미시 슈레이더 그리고 크리스토퍼와 줄리 태시에게 감사한다.

이 책 속에는 읽은 것을 생각해 보고 또 그룹으로 토론할 수 있는 문제들이 있다. 이 문제들을 만드는 데 큰 도움을 준 리사 게스트에게 감사한다. 사람들이 우리에게 그녀를 적극적으로 추천했는데, 이제 그 이유를 충분히 이해할 수 있다.

마지막으로 글 다듬는 것을 도와준 앤 스팽글러와 존더반 출판사의 편집국장인 샌디 밴더 지흐트에게 감사드린다. 다른 사람들이라면 다 포기했을 만한 상황에서도 끝까지 함께해 준 것에 감사한다. 편집부 차장 로리 반덴보쉬와 더크 부르스마에게, 그리고 존더반 출판사의 마케팅과 영업팀 친구들에게 감사한다.

수고한 모든 사람들에게 일일이 감사드린다.

플로리다주 올란도에서,
로버트와 바바라 월게머스

머릿말

어떤 연고로 이 책을 손에 넣게 되었는지는 문제가 되지 않는다. 결혼선물로 받았을 수도 있고, 친구나 목사님, 전문 상담가로부터 받았을 수도 있다. 아무튼 중요한 것은 이 책을 만났다는 사실이다.

행복한 결혼생활을 위해서라면 배울 수 있는 것은 다 배우겠다고 단단히 각오하고 있는 사람도 있고, 너무 흥분해서 책을 완전히 독파하기 전까지는 식사도 운동경기도 다 미루겠다는 사람도 있을 수 있겠다. 또 아닐 수도 있지만…….

예를 들자면

차 트렁크에서 커다란 박스를 간신히 꺼내서 차고 바닥에 내려놓고 열어 보니 조립 부품들 위에 종이 한 장이 놓여 있었다. "주의: 조립을 잘못하면 중상을 입을 수 있음"이라는 글자가 형광색 종이 위에 선명하게 쓰여 있었다.

아내 바비와 나는 커다란 가스 그릴을 하나 사 왔다. 바비큐 파티를 좋아하지만 더 이상 연기 나는 숯을 피우는 게 싫어서 가스 그릴을 하나 사 온 것이다.

포장 상자 위에는 단지 "조립 전 제품"이라고 쓰여 있었을 뿐이었다. 그런데 상자를 열자 커다란 경고문이 놓여 있었다. 그러니 나는 설명서에 있는 조립과정에 따라 매우 신중하게 조립할 수밖에 없었다. 중상을 입을 수 있음이라는 말이 나를 긴장하게 했다. 스테이크는 하나도 익지 않았는데 요리하던 사람은 새카맣게 타 버린 모습을 상상하는 것은 결코 유쾌한 일이 아니지 않은가!

당신의 결혼 서약서에도 이런 비슷한 경고문이 있어야 한다. "경고: 결혼 첫해에 주의를 기울이지 않으면 평생 크게 고통을 당할 수 있음—상상할 수 없는 불행이 찾아오기도 함."

이 책은 결혼을 위한 조립설명서라고 생각하면 된다. 아마 가스 그릴보다는 훨씬 따라하기 쉬울 것이다.

이 책을 누가 왜 썼을까?

이 책은 두 부부의 공동 작업으로 만들어졌다. 마크와 수잔 데브리스 부부 그리고 나의 아내 바비와 나 로버트 윌게머스가 함께 썼다. 마크와 수잔 데브리스 부부와 우리는 아주 오랫동안 가까운 친구로 지내 오고 있다. 우리 딸 미씨와 줄리가 이들 부부 곁에서 자랐고, 이들 부부는 미씨와 줄리가 청소년기를 보낼 때 선생님과 멘토가 되어 주었다. 미씨와 줄리는 나중에는 둘 다 자원봉사자가 되어 그들의 청소년 사역을 도와 왔다.

목사인 마크는 수백 쌍의 신랑신부에게 결혼예비상담을 해 주었다. 수잔과 함께하기도 하고 혼자서 하기도 했다. 우리 두 딸과 약혼자들인 존과 크리스토퍼도 이들에게 상담을 받았는데, 이들의 결혼예비상담의 효과를 옆에서 직접 체험하면서 이들의 안목을 다른 사람들에게도 나눌 수 있었으면 좋겠다는 생각을 했다. 직접 마크와 수잔을 만날 수 없는 사람들에게 간접적인 만남이라도 갖게 해 주고 싶었다.

나 역시 평신도 사역자로 30년 이상 성경공부를 인도해 오면서 결혼생활의 어려움을 겪는 부부들을 많이 지켜보았다. 몇 년을 그렇게 지켜보면서 내린 결론은 단 한 가지였다. 곧, 좋은 결혼생활을 하는 것보다 사람이 더 절실히 원하는 것은 없다는 것이다. 이 책의 원리들은 교실에서 배운 것이 아니라 직접적인 경험을 통해 배운 것이다. 두 부부를 합쳐 거의 60년이 넘는 세월의 시행착오를 통해 알게 된 것들이다.

남자들을 위한 책과 여자들을 위한 책은 똑같은 주제로 진행된다. 하지만 내용은 서로 상당히 다르다. 남자 편은 마크와 내가 썼고 여자 편은 수잔과 바비가 썼다. 독자들의 이해를 돕기 위해 한 사람의 목소리로 책을 썼다. 남자 편은 내 목소리를 주로 듣게 될 것이고, 여자 편에서 당신의 아내는 수잔의 목소리를 주로 듣게 될 것이다. 마크와 바비의 목소리를 들을 수는 없어도 그 이름은 간간이 보게 될 것이다. 왜냐하면 이 네 사람이 첫날부터 함께 책을 써 나갔기 때문이다.

이 책으로 무엇을 어떻게 할 것인가?

처음부터 분명하게 말하지만 이 책은 '일반적인 여자'를 이해하기 위한 책이 아니다. 당신과 결혼한 여자는 특별하다. 바로 그 특별한 한 여자를 행복하게 만드는 전문가가 되는 것이 당신의 임무이고, 우리는 당신이 그 임무를 완수할 수 있도록 도울 것이다. 그렇게 되면 멋진 동반자가 되어 누리는 큰 즐거움을 맛보게 될 것이다.

다양한 부부들은 다양한 방법으로 각자 나름대로 이 책을 읽어 가겠지만 더 많이 얻을 수 있는 방법이 있다. 당신과 아내가 서로를 알아 가고 즐거워하게 될 것이다.

1. 배우자가 읽는 책을 엿보아도 좋다: 책의 초고를 끝내고 나서 우리 교회 '업스트림' 주일학교 선생님 중 자원하는 몇 분에게 이 책을 읽고 평가해 달라고 나누어주었다. 그런데 재미있는 것은, 아내들이 남자들이 읽어야 할 부분을 읽는 것이었다. 또 독서를 아주 싫어하는 남자들도 여자들이 읽을 부분을 읽고 있는 것을 보았다. 좋은 일이다. 당신과 아내가 상대방의 부분을 함께 읽고 "맞아요, 저도 정말 그래요." 혹은 "아니에요, 저는 전혀 그렇지 않아요!"라고 상호 작용이 일어날 때 더 많은 효과를 볼 수 있다.

2. 전문가에게 문의하자: '여자들은 이렇게 생각한다'는 것을 읽고 내 아내는 그렇지 않은데 하고 생각되는 부분도 있을 것이다. 그런 경우 아내에게 질문하자. "당신도 그렇게 생각해?" 혹은 "당신도

그래?"라고 말이다.

  3. 전문가가 되자: 결혼한 지 몇 주도 안 돼서 당신 아내는 이미 힘들어하고 있을지도 모른다. 어떤 연구에 따르면 신부들 중 90퍼센트가 신혼 첫해에 우울증을 경험한다고 한다.[1] 아내가 이해받고 있다고 느낄수록, 당신이 많이 물어봐 줄수록 아내 마음에 깔린 불안감의 안개가 더 빨리 걷히는 것을 직접 눈으로 볼 수 있을 것이다.

  4. 『여자의 인생에서 가장 중요한 한 해』와 만나기: 이 책의 맨 뒷부분에는 읽은 내용을 되새겨 보고 토론할 수 있도록 질문이 마련되어 있다. 아내와 일주일이나 한 달에 한번 정도 데이트를 하면서 토론할 수도 있고, 아니면 다른 부부들과 함께 토론할 수도 있다.

그런데

  이 책의 제목은 결혼을 선택한 모든 남녀들에게 정말 맞는 말이다. 그러나 결혼 첫해가 모든 남자와 여자의 인생에서 가장 중요한 해라고 한다면, 예수님이나 테레사 수녀님 같은 분들은 '인생의 가장 중요한 해'를 놓친 격이나 다름없을 것이다. 그렇지만 당신이나 나는 이미 결혼을 했고, 또 결혼 첫해가 우리의 미래를 결정하는 데 정말 중요하기 때문에 우리는 책 제목 『남자의 인생에서 가장 중요한 한 해』가 우리가 말하고자 하는 것을 가장 잘 표현하고 있다고 생각한다.

  결혼한 지 몇 년 된 부부들은 "그렇다면 우리는 이미 가장 중요한 해를 놓쳤단 말인가요?"라고 질문할 것이다. 그러나 당신과 아내가 전혀 새로운 방법으로 결혼생활에 투자해야겠다고 생각한다면 그리 늦지 않았다. 그러니 결혼한 지 30일이 되었든 30년이 되었든 올 한 해를 당신의 인생에서 가장 중요한 해로 만들기 바란다.

    마지막으로 이곳에 나오는 이야기들은 모두 실제 사건에 근거한 것이다. 대부분 이름과 상황은 신원을 가려 주기 위해 바꾸었다.

플로리다주 올란도에서,

로버트 윌게머스

테네시주 내슈빌에서,

마크 데브리스

1장
가장 중요한 해
맞이한 아내를 즐겁게 할지니라

> 만약 건강한 결혼생활의 비결이 열심히 노력하는 것이라면
> 거의 모든 부부들이 건강한 결혼을 즐기고 있을 것이다.
> 제프 반 본더렌, 『은혜가 넘치는 가정』

감독은 더 이상 그냥 지켜볼 수가 없었다. 그래서 타임아웃을 선언하고 쿼터백[미식축구 포지션의 하나—역주]을 부른다. 경기가 정말 안 풀리고 있다. 그런 상황이라면 쿼터백이 감독의 말을 잘 들어야 한다. 감독 말을 무시하면 경기에 질 것이 뻔하다. 그리고 그 경기는 놓칠 수 없는 아주 중요한 경기다.

TV를 보다 보면 이렇게 감독들이 선수들에게 지시하는 모습을 보게 된다. 그런데 어떤 쿼터백은 집중해서 열심히 듣는데 어떤 선수는 감독이 지시를 내리는 동안 계속 뒤를 돌아보면서 신경을 곤두세우고 있다. 또 다른 선수들은 뻣뻣하게 서서 어깨를 으쓱거리기도 한다. 이런 선수들을 보면 코치 얼굴이 더욱 굳어지면서 마치 이렇게 말하는 것 같다. "이 멍청아, 내 말 좀 잘 들으라고! 이 게임은 이 작

전에 달려 있단 말이야!" 코치가 중요한 선수의 어깨를 붙잡고 흔들면서 한마디도 놓치지 말라고 열정적으로 말하는 것을 볼 수 있다.

당신은 결혼식에 몇 번이나 참석해 보았는가? 열두 번쯤? 아니면 그 이상인가?

결혼식에 참석해서 신랑의 얼굴을 자세히 살펴본 적이 있는가? 그 신랑은 어떤 쿼터백과 비슷할까? 평범한 일상처럼 지루한 얼굴로 왼쪽 오른쪽으로 두리번거리는가? 아니면 똑바로 앞을 응시하면서 마치 자신의 장래가 주례 선생님 말씀에 달린 것처럼 한마디도 놓치지 않으려고 열심히 듣고 있는가?

신랑이 첫날밤을 생각하며 눈을 반짝이는 것은 지극히 당연한 일이다. 물론 기대가 되는 밤이다. 그러나 바로 그날 밤이 자신에게 가장 중요한 일 년이 시작되는 첫날이라는 사실을 인식하지 못하고 있다.

새신랑들이여 들으라! 앞으로 그 첫날밤부터 시작해서 12개월간을 잘 보내지 못한다면 엄청난 대가를 지불하게 되리라. 평생에 걸친 분노와 끊임없는 비극이 이어질 것이다. 그러나 바르게 배우고 바른 습관을 들인다면, 그때 받을 보상은 무엇과도 비교할 수 없이 정말 멋지다.

이 책의 목적은 무엇보다 먼저 당신의 주의를 집중시키는 데 있다. 그렇게 하고 나서 나는 당신이 결혼한 첫해가 당신의 인생을 좌우하는 가장 중요한 해라는 사실을 설득시킬 작정이다.

초기 투자

제리는 보던 신문을 내려놓고 창문을 향해 의자를 돌려놓고 기대앉아 혼잣말로 속삭였다. "와, 이제 나는 백만장자야. 백만장자라구!" 눈을 감고 가만히 생각에 잠긴다.

10년 전 대학원 친구 한 명이 한 가지 제안을 해 왔었다. 아침을 함께 먹으면서 클락 보이어는 제리에게 집에서 전화를 받는 컴퓨터 서비스 사업에 대한 아이디어를 이야기했다. "회사 이름은 컴퓨콜이야." 클락이 말했다. "오늘의 컴퓨터 사업은 40년 전의 자동차 산업과 같아. 하드웨어는 많지만 그다지 편리하지 못한 데다가 믿을 만한 서비스도 없지."

제리는 클락을 잘 알고 있었다. 그는 보통사람들보다 훨씬 영리했고, 무엇보다 중요한 것은 힘든 일을 마다하지 않는다는 것이었다. 그리고 컴퓨콜은 아주 좋은 아이템이었다.

"나는 만 달러[천만 원이 약간 넘는다—역주]가 필요하네." 아침식사가 나올 때쯤 클락이 제안했다.

제리는 잠시 동안 아침식사로 나온 베이컨과 계란을 바라보았다. 만 달러는 큰 돈이었다. 얼마 전 처음으로 집을 샀고, 차 할부도 아직 많이 남아 있었다. 그렇지만 클락은 좋은 친구였고, 사업계획도 좋다는 것을 느낄 수 있었다. 제리는 모험을 좋아하는 타입은 아니지만, 클락은 믿을 수 있었다.

"나로서는 자네 생각에 동의해." 제리는 침착하게 말했다. "다이애나도 자네를 알고 있고 믿고 있지. 그렇지만 확실한 대답을 주기 전에 먼저 상의해야 할 것 같아. 아마 아내도 동의할 거야." 제리는 얼굴에 작은 미소를 띠며 덧붙여 말했다. "일이 잘될 것 같은데."

지난 10년 동안 제리는 클락이 회사 일에 전념하는 것을 보았다. 컴퓨콜은 그 지역 대학을 졸업한 유능한 젊은이들을 고용했고 회사는 날로 번창해 갔다. 7년 뒤 클락은 '올해의 젊은 사업가' 상을 받기도 했다. 그리고 컴퓨터를 파는 몇몇 큰 회사로부터 매매 제안을 받기 시작했다. 클락은 제리에게도 그런 제안을 받고 있다고 말해 주었다.

그리고 삼 년 후 제리는 신문 경제면에서 이런 기사를 보고 있는 것이다. "보이어, 컴퓨콜을 1,200만 달러에 매각하다."

제리는 만 달러로 회사 지분 15퍼센트를 샀고, 10년이 지난 지금 그 투자는 100만 달러 이상의 이익을 가져다주었다.

이제 이런 재미있는 질문을 한번 해 보자. 지금 그 컴퓨콜을 산 회사는 제리가 일군 그런 투자 이익을 낼 가능성이 얼마나 될까?

거의 없다고 볼 수밖에 없다.

왜? 한마디로 말하면, 타이밍이 맞지 않았기 때문이다.

제리는 클락이 사업을 시작할 때 투자했다. 10년이 지난 지금의 기회가 그때와 같을 수는 없다. 10년 전에는 만 달러에 컴퓨콜의 지분 15퍼센트를 살 수 있었지만, 지금은 제리가 투자한 돈의 200배에 가까운 180만 달러를 지불해야 한다. 지금 투자한 회사가 결코 그런 비율로 이익을 낼 수는 없을 것이다.

첫해에 투자하자

이 책은 결혼 첫해에 관한 책이다. 이제 막 결혼식을 올린 바로 그 해 말이다. 당신과 내가 함께 아침을 먹고 있는 장면을 생각해 보자. 이제 막 스크램블 에그를 한 입 먹으려 하는데 아주 좋은 투자 기회에 대해 듣게 된다. "이제 막 결혼을 하셨다니 참 잘된 일입니다. 그런데 장담하지만 지금 잘 투자하면 엄청난 이익을 얻게 될 것입니다."

내 말에 귀가 솔깃할 것이다.

"그런데 지금 투자하지 않으면," 나는 마치 각주를 달듯이 덧붙인다. "만족스럽고 멋진 결혼생활을 누릴 가능성이 매우 낮아집니다. 그리고 결혼생활에 실패한다면 비극적인 결과를 낳게 될 뿐만 아니라 손해도 이만저만이 아닐 것입니다."

그러고 나서 확신할 수 있게 무슨 투자계획서처럼 다음과 같은 이유들을 제시한다.

1. 결혼생활에 만족하는 사람들이 더 장수하고, 건강하고, 삶의 만족도도 매우 높은 것으로 나타났다.[2]
2. 결혼한 남자가 혼자 사는 남자보다 일반적으로 삶에 더 만족하는 것으로 보고되고 있다. 결혼한 남자의 40퍼센트가 행복하다고 대답한 데 반해, 이혼한 사람은 18퍼센트, 결혼한 적이 없거나 동거하는 사람은 22퍼센트가 행복하다고 대답했다.[3]

3. 독신생활에 관한 여러 가지 환상에도 불구하고 결혼한 남자가 독신남자보다 더 많은 섹스를 한다(거의 두 배 이상).[4]

4. 아무리 돈에 관심이 없는 사람이라도 이것은 한번 꼭 생각해 보자. 최근 통계에 따르면 50대가 되면 결혼한 부부가 이혼하거나 독신인 사람보다 거의 5배 이상의 재산을 가지고 있다고 한다.[5]

5. 이혼하게 되면 쇼크와 고혈압과 호흡기 계통의 암과 각종 암에 걸려 사망할 확률이 상당히 높아진다. 놀랍게도 담배를 피우지 않는 이혼한 사람이 암에 걸릴 확률이, 결혼하고 하루 한 갑 이상 담배를 피우는 사람의 확률보다 아주 약간 낮을 뿐이다! (이혼서류에도 담배처럼 건강에 해롭다는 경고문을 붙여야 하지 않을까?)[6]

연구 결과가 다음과 같은 사실을 보장한다. 만족스러운 결혼은 사람을 더 행복하게 하고, 돈도 더 많이 갖게 하고, 발병률을 낮추고, 더 만족스러운 섹스를 하게 한다. 고민할 필요도 없는 일이 되었다고 본다.

지금 지불하지 않으면 나중에 비싼 값을 지불하게 될 것이다

우리는 보통 투자를 안 해서 결혼생활에 실패하는 것이라고 생각한다. 결혼생활에 충분한 시간과 노력과 관심과 주의를 기울이지 않아서라고 생각한다. 맞다. 하지만 부분적으로만 맞는 말이다.

마크와 나는 결혼이 위기를 맞고 있거나 결혼생활에 실패한 부부들을 수도 없이 상담해 왔다. 그중 많은 사람들이 결혼생활을 위해 헌신적으로 노력한다. 사실 어떤 경우는 행복한 결혼생활을 하는 사람이 평생 동안 들일 것보다 훨씬 더 많은 에너지와 염려와 돈을 투자한다.

그렇다면 의문이 생긴다. 이 부부들이 그렇게 많은 노력을 기울이고 있다면, 결혼에 실패하는 이유는 무엇일까?

바로 제리가 컴퓨콜에 투자해서 성공한 이치와 같다. 타이밍 문제인 것이다. 결혼생활이 실패하는 것은 적게 투자해서가 아니라 너무 늦게 투자하기 때문이다.

우리는 이런 일을 수도 없이 보아 왔다. 남자들은 결혼에 큰 위기가 닥쳐서야 도움을 청하러 온다. 거의 이혼을 앞두고 찾아오는 경우도 허다하다. 남자들은 보통 결혼에서 심각한 위기가 느껴져야 뭔가 해야 한다는 생각을 한다. 그럴 때 이들이 노력하는 모습은 거의 눈물겹다. 그러나 안됐지만 너무 늦게 시작했다.

절망적인 상황

상담을 해 달라는, 그것도 즉시 해 달라는 전화가 걸려 왔다. "아내가 집을 나갔어요. 제 말은 들으려고도 안 해요. 어떻게 하면 좋겠어요?"

빌은 절망적이었다. 자신에게 가장 중요한 것, 바로 가정을 잃어버리게 된 것이다! 함께 커피를 마시며 상담하면서 빌은 자신의 실패를 인정했다. 눈물을 흘리며 아내에게 소홀했다고 고백했다. 그러나 지금 아내가 집을 나가 버린 것이다.

빌은 굳은 결심으로 맹세했다. "뭐든 하겠어요. 베키를 집으로 돌아오게 하는 일이라면 무엇이든 하겠어요."

그 후로 몇 달 동안 빌은 잃어버렸던 신뢰를 회복하기 위해 길고도 지루한 과정을 시작했다. 당연히 베키는 의심하는 태도를 쉽게 버리지 않았다. 마음의 상처가 너무 커서 쉽게 치료되지 않았다. 빌은 15년간이나 방치해서 깨진 가정이 겨우 몇 달 노력으로 회복될 수는 없다는 것을 깨닫기 시작했다.

빌의 가정이 회복될 수 있을까? 물론 회복될 수 있다. 어떤 대가를 치르더라도 노력하겠다는 결심—사실 15년 전에 했어야 할—을 실행에 옮기면 회복될 가능성이 더욱 높아진다. 그러나 파괴된 가정을 다시 회복하는 것은 정말 힘든 일이다. 훨씬 더 어렵고 자존심도 상하고 아주 불편하고 무엇보다 아주 느리다. 그래서 남자들이 그냥 손을 들어 버리는 경우가 많다.

마크와 나는 빌 같은 남자들 때문에 처음 이 책을 쓸 생각을 하게 되었다. 마치 절벽 중간에 매달린 남자를 붙잡고 있는 것 같이 너무 힘이 들었다. 우리도 힘들었지만 당하는 본인들은 훨씬 더 고통스러웠다.

나는 이렇게 말하는 남자를 본 적이 없다. "저는 가정이나 재정에 생각 없이 아무렇게나 투자할 거예요." 그런데 많은 남자들이 실제로 그렇게 하고 있다. 형편없는 이익을 남기는 이유는 바로 태만에 있다. 바로 불성실한 투자 때문이다.

아무 생각 없이 투자하기는 쉽다. 그렇지만 현명하게 투자하기 위해서는 관심을 기울이고 신경을 많이 써야 한다.

왜 이런 일이 발생하는 것일까?

행복한 결혼의 진정한 가치를 생각해 보면 결혼 초에 투자하는 것을 가벼이 여기는 것은 아주 어리석은 생각이다. 그러나 많은 남편들이 그런 실수를 범한다. 나는 이런 현상이 벌어지는 이유 두 가지를 생각해 보았다.

정복자의 태도

결혼식에서 신부가 결혼서약에 "네"라고 대답하는 순간 모든 일이 다 끝난 것처럼 행동하는 남자들이 있다. 마치 결혼식 날, 업무일지에 쓰인 '아내 얻기'칸에 업무 완료라고 표시하는 것 같다. 그래서 첫날밤을 치르고 나면 이제 다른 업무로 달려간다. 정복해야 할 수많은 일들의 리스트를 체크하면서 전투장으로 달려간다.

이런 상황에서 가장 재미있는 사실은, 남자들이 결혼식을 최종적인 목적달성으로 보는 바로 그 순간, 여자들은 이제 막 시작하는 순간이라고 느낀다는 것이다.

선택하지 않기로 선택하기

이 책에서 말하고 있는 핵심은 바로 이것이다. 결혼 초기에 의지를 가지고 바른 습관과 태도를 형성하면 백배는 더 만족스럽고, 활기차고, 풍성한 결혼생활을 누릴 수 있다는 것이다. 게다가 이 시기에는 투자비용도 그다지 많이 들지 않는다.

결혼 첫해의 가치를 가볍게 생각하고 좋지 않은 습관을 들여서 나중에 좋은 가정으로 회복하려면 훨씬 더 비싼 값을 치러야 할 것이다. 그것도 아니라면 이런 나쁜 습관이 가정을 끝내 파괴하고 말 것이다.

시간이 증명한 원칙

이제 결혼 첫해에 투자하는 전략을 살펴보기 전에 나는 당신에게 수천 년 된 보물을 보여 주고 싶다. 이 충고의 말씀은 귀 기울여 들어야 할 놀랄 만한 안목을 가지고 있다. 이 말씀은 구약성경에 있는데, 이혼에 대한 말씀과 돈을 꾸어 줄 때 맷돌을 저당 잡지 말라는 말씀 사이에 들어 있다(농담이 아니라, 정말 그곳에 쓰여 있다).

> 사람이 새로이 아내를 맞이하였으면 그를 군대로 내보내지 말 것이요 아무 직무도 그에게 맡기지 말 것이며 그는 일 년 동안 한가하게 집에 있으면서 그가 맞이한 아내를 즐겁게 할지니라
> (신명기 24장 5절)

이 말씀은 아주 재미있는 말씀으로 들릴 수도 있고 매우 화가 나게 할 수도 있다. 그렇지만 이 말씀에는 심각하게 받아들일 만한 흥

미 있는 투자 원칙이 숨어 있다.

도전적인 원칙—"일 년 동안"

대부분의 남자들은 대결을 좋아한다. 우리 남자들은 경쟁이라는 성향을 타고났다. 그렇다면 자, 여기 거대한 과제가 놓여 있다. 결혼 생활에 크게 성공하기 원한다면 일 년 동안 아내 사랑하는 법을 배우는 것 말고는 아무것도 하지 말자.

분명 이런 생각이 들 것이다. '이보세요. 좀 현실을 생각해 주세요. 저는 직장에 나가야 한다구요. 일 년 동안 쉬면 직장에서 쫓겨날 게 뻔하다구요. 그러면 가정에도 정말 좋지 않지요!'

걱정하지 말자. 나는 직장을 그만두라는 것이 아니다. 단지 의지를 말하는 것이다. 결혼 첫해에 해야 할 일은, 단 한 명의 여자—자기 아내—에 대해 전문가가 되는 것이다. 그리고 '그 여자를 행복하게' 하는 일이라면 누구보다 뛰어나게 잘하라는 것이다. 구약성경은 그렇게 하는 데 일 년을 온전히 쓰라는 것이다. 일 년 전부를 말이다. 일주일간의 세미나나 결혼에 대한 좋은 책을 읽는 것만으로는 충분하지 않다. 보통 사람들이 하는 다섯 번의 결혼예비상담으로는 턱도 없이 모자란다. 이 말밖에 할 말이 없다. 엄청나게 투자해야 한다.

A.D.H.D. 원칙—"군대로 보내지 말 것이요 무슨 직무든지 그에게 맡기지 말 것이며"

주의력 결핍 과잉행동장애(Attention Deficit Hiperactivity

Disorder, A.D.H.D.)에 걸린 사람들처럼 우리 남자들의 문제는 가끔 주의를 집중하지 못한다는 것이다. 아내들이 모르는, 아내들이 전혀 관심도 없는 것들로 주의가 산만하다.

당신은 이제 '결혼하기'라는 임무란에 완료라고 체크했기 때문에 아직 다하지 못한 다른 업무에 더 많은 힘을 기울이고 싶을 것이다. 예를 들자면 대학원에 진학하는 일이나, 안정된 직장을 잡는 일이나, 건강관리 같은 일들에 집중하고 싶을 것이다. 그러나 이제 결혼한 당신에게 주어진 가장 중요한 업무는 아내와 좋은 관계를 형성하는 것이다.

상호이익 원칙―"그가 맞이한 아내를 즐겁게 할지니라"

아무리 인간적인 약점이라고 쳐도 남자들은 대부분 이런 생각들을 한다. 아내가 어떻게 나를 위해 무엇을 기쁘게 해 주려나?

내 친구 게리 스몰리가 행크와 에드나 집 건너편으로 이사 온 신혼부부의 이야기를 들려주었다. 아내 에드나는 매일 이웃집 젊은 신랑이 직장에서 돌아오면 차를 차고에 넣지 않고 도로변에 세워 둔 채 현관으로 걸어 들어가는 것을 보았다.

그런데 항상 그 세신랑 손에는 무언가 들려 있었다. 포장된 선물이나, 꽃다발 한 묶음이나, 무엇이든 항상 들고 왔다. 그는 현관에서 벨을 누르고 아내가 밖으로 나오면 선물을 주고 포옹을 했다.

견디다 못한 에드나가 어느 날 저녁식사 후 남편 행크에게 매일 그 신랑이 하는 일에 대해 말했다.

"여보, 당신도 좀 그렇게 하면 안 될까?" 아내가 콧소리를 섞어 가며 말했다.

"글쎄," 행크는 말을 더듬었다. "그렇게 할 수 있겠지 뭐." 행크는 한숨을 내쉬었다. "나도 그렇게 할 수는 있지만…… 그렇지만 난 그 부인을 알지도 못하는 걸."

아무튼 행크는 에드나의 말에 귀를 기울였다. 에드나와 연애할 때 어떻게 했었는지 기억하는 것은 행크의 몫이다.

결혼한 지 얼마 안 되어 아내 바비가 내게 이렇게 물었다. "당신이 바쁜 건 알아요. 하지만 당신이 가끔 제 생각도 하는지 궁금해요."

아마 이쯤 되면 이런 질문이 하고 싶을지도 모르겠다. "그래요 좋아요. 하지만 성경에서 제 아내에게는 제게 무엇을 해 주라고 하고 있지요?" 그런 질문도 할 만하다. 그러나 그 대답은 냉정하다. 이 구약성경의 권고에는 아내의 역할에 대해 전혀 언급하고 있지 않다. 어떻게 하라는 지시가 하나도 없다. 그렇지만 이런 일은 상호작용이 일어나는 일이다. 남편이 아내를 행복하게 하는 일을 최우선 순위로 삼는데 아내가 남편을 기쁘게 하고 싶어하지 않겠는가!

결혼 첫해에 아내를 행복하게 하려고 모든 노력을 아끼지 않는 것이 온전히 이타적이고 순교적인 행위만은 아니다. 아내가 만족스러워 하고 행복해 하는 것은 남편 자신의 행복에도 지대한 영향을 미친다.

잠언서에서는 이것을 재미있게 표현하고 있다. 똑같은 말을 두 번이나 하고 있다. "다투는 여인과 함께 큰 집에서 사는 것보다 움막

에서 혼자 사는 것이 나으니라"(잠 21:9, 25:24)[7]

꼭 그렇다고 말할 수는 없지만, 화를 잘 내고, 잔소리하고, 다투기 좋아하고, 불평하는 아내들은 너무 바쁘고, 무관심하고, 다른 곳에 정신이 팔려 있고, 자기 자신만 좋아하는 남편을 두고 있는 경우가 많다. 이런 부인들은 여러 번 시행착오를 거쳐 남편의 관심을 받으려면 귀찮게 해야 한다는 것을 알게 된 것뿐이다.

결혼 첫해에는 이웃 사람이 무슨 차를 새로 샀는지, 프로야구에서 누가 이겼는지 아는 것보다 아내에게 관심을 기울이는 것이 더 중요하다. 결혼 첫해에 이렇게 투자하면 남은 평생을 만족스럽고 행복하게 살게 될 것이다. 그것은 돈으로 가치를 매길 수 없는 귀한 것이다.

이 쪽을 넘기기 전에, 앞에 놓인 12개월을 인생에서 가장 중요한 한 해로 인식할 것을 결심하자.

2장

요구

"Yes"의 나선

> 당신의 아내가 남편이 집으로 돌아올 때를 기다리고,
> 당신이 집에서 나갈 때는 슬퍼하게 만들어라.
> 마틴 루터

"여보, 나 왔어요."

매일 집으로 돌아올 때 하는 말이지만 아내는 무언가 좋지 않은 일이 있었던 것을 느낄 수 있었다. 남편은 집으로 돌아오는 내내 정말 직장을 때려치우고 싶다는 생각을 했다. 집으로 들어서니 벌써 맛있는 냄새가 나고 있다. 아내가 목소리를 듣고 달려 나와 남편을 반갑게 맞이한다. 컴퓨터가 든 가방을 내려놓지도 못했는데 아내가 와서 팔로 목을 감싸고 입을 맞춘다. 그리고 귀에 대고 오늘밤 당신을 위해 준비한 특별한 것이 있다고 속삭인다. 그리고 가방과 옷을 받고 넥타이를 풀어 준다.

"필요한 것을 갖다 놓았어요." 아내가 푹신한 의자에 앉히면서 말한다. 의자 옆에는 시원한 음료수가 준비되어 있고, 그

옆에는 오늘자 신문과 리모컨이 놓여 있다.

"여기 앉아서 잠깐 쉬고 계세요." 아내는 말한다. "저녁 준비가 거의 다 됐어요. 금방 해 드릴게요."

방 안 가득 앉아 있는 부부들에게 이런 상황을 그려 주면 남자들 입에서 바로 신음소리와 웃음소리가 나오기 시작한다. "우와! 맞아요. 바로 그거예요." 남자들은 말한다. "우리 집도 좀 그래 봤으면 좋겠어요!" 대부분의 남편들은 이런 저녁을 기대하지 못한다. 꿈도 꾸지 못하는 장면이다.

잠깐. 하지만 세상에는 매일 밤은 아니지만 그래도 어쩌다 한 번씩은 그런 생활을 누리는 남자들이 있다. 당신은 고개를 저으면서 어쩌다 그런 아내를 얻는 행운을 잡았느냐고 부러워할 것이다. 그러나 '눈먼 행운'이 그 사람을 찾아갔다고 생각하면 오산이다.

그렇다! 언제나 좋은 것은 우연히 하늘에서 떨어지는 것이 아니다. 부부가 서로를 아끼겠다고 결심하고 상대방의 필요와 요구들을 적극적으로 채워 주기 위해 노력할 때 그런 일이 일어난다.

이제, 질문을 하나 해 보자. "어떻게 하면 아내들이 남편을 그렇게 대하게 될까?"

당신은 이미 답을 알고 있다. 남편이 먼저 사랑하면 아내도 남편을 그렇게 대한다. 아내들이 남편을 아낌없이 사랑하게 되는 것은 자신을 그렇게 아껴 주고 사랑해 주고 자신의 필요를 늘 채워 주는 남편에 대한 반응인 것이다. 건강한 부부는 남편이 아내를 즐겁게 하는

데 큰 기쁨을 느끼고, 아내는 행복한 마음으로 남편에 대한 사랑을 풍부하게 표현한다.

잠언 31장의 현숙한 남자!

기억할 수도 없을 만큼 오랜 세월 동안 사람들은 거의 원더우먼이라고 할 수 있는 잠언 31장의 현숙한 아내상을 가지고 여자들을 추궁해 왔다. 그러나 이 장구한 세월을 지내 온 지혜서를 자세히 살펴보면 그곳에 남성상이 그려져 있는 것을 발견하게 된다.

사실 이 잠언서가 기록된 중동지역의 문화를 이해하면, 구습에 얽매이지 않은 정말 멋진 남편을 만나지 않고서는 여자가 절대 그런 성공을 거둘 수 없다는 것이 더욱 분명해진다.

그런 자의 남편의 마음은 그를 믿나니
(잠언 31장 11절)

정말 멋진 말 아닌가! 잠언 31장의 남자의 마음은 그를 믿는다. 이는 아주 성숙하고 균형 잡힌 부부 관계이다. 아내를 어린아이로 취급하지도 않고, 엄마처럼 해 줄 것을 바라지도 않는다. 아내가 가진 은사를 개발하게 하고, 아내는 온실과 같은 남편의 보호 아래 자신의 역량을 마음껏 발휘한다.

이것이 아내의 판단을 신뢰하는 남편의 모습이다. 아내의 성공을 두려워하거나 아내가 바쁘다고 투정하지도 않는다. 이 남자의 아내는 가정을 경영하고 사업도 운영한다. 남편은 아내에게 투자할 수 있는 자유, 가정을 재량껏 경영하는 자유, 자기가 만든 것을 자유롭게 내다 팔 수 있는 자유, 가난한 자와 궁핍한 자를 돕는 자유를 준다.

몇 년 동안 아내와 나는 부부간의 상호 존경에 대해 관찰해 왔다. 남편이 매우 권위적이어서, 아내가 잘못을 저지르고는 남편에게 들키지나 않을까 두려워하는 부부들이 있었다. 아내들은 카드명세서나 자동차 범퍼의 흠집을 찾아내는 감시관이 무서워서 떨고 있었다. 또 아내가 무얼 하는지를 남편이 전혀 알지 못하는 지나치게 독립적인 아내들도 있었다. 친구관계나 일상생활이나 달력에 적힌 스케줄도 남편과 전혀 관계가 없었다. 그런데도 남편은 상관하지 않았다.

잠언 31장의 남편은 아내를 온전히 신뢰한다. 그리고 위의 두 이야기 중 어느 쪽에도 만족할 수 없다.

그 남편은 그 땅의 장로로 더불어 성문에 앉으며 사람의 아는 바가 되며(31장 23절)

이 말씀을 읽으면 몇 가지 궁금한 점이 생긴다.

- 자신을 존경하는 아내가 있기 때문에 동료들 가운데 존경을 받는 것인가? 아니면,
- 아내의 존경 때문에 남편이 더 큰 성공과 높은 자존감을 얻게 되었나?
- 남편의 흠 없는 인격 때문에 아내가 남편을 존경하게 되었

는가?
- 아니면, 아내가 가진 남편에 대한 높은 기대감으로 남편이 고결함을 얻게 되었나?

이 질문의 답은 모두 '그렇다'이다.

그 남편은 칭찬하기를(31장 28절)

잠언 31장 남자의 진정한 명성은 곧 아내의 자존감을 높인다. 남편과 함께 사람들 앞에 나서면 아내는 자랑스러워서 어깨가 으쓱해진다. 남편의 인격은 자연스럽게 아내의 자랑이 된다! "그 남편은 칭찬하기를"(31장 28절) 진심에서 우러나오는 남편의 칭찬보다 더 여자들에게 동기를 부여하는 일은 없다. 잠언 31장의 남자들은 아내에 대한 칭찬을 아끼지 않는다.

다시 한번 닭이 먼저냐 계란이 먼저냐 하는 질문이다. "칭찬이 먼저인가? 아니면 성공이 먼저인가?" 다시 그 대답은 '둘 다 맞다.'이다.

이 여자는 자기를 믿어 주고, 입으로 칭찬하고, 성공을 기뻐해 주는 남자와 결혼을 했기 때문에 더욱 자신감을 갖게 되고, 더욱 능력을 갖게 된다. 그래서 더욱 남편의 칭찬을 받게 되고, 다시 칭찬은 더 많은 일들을 성취하게 한다. 이런 여자를 만난다면 그가 얼마나 멋진 남편과 결혼했는지 알게 될 것이다.

긍정적인 대답의 효과

부부간에 서로가 요구들을 채워 주면 더욱 편안하게 대화할 수 있게 되고, 그래서 친밀감이 더 높아지고, 친밀감이 높아지면 부부가 서로 더 만족하게 되고, 서로 만족하면 상대방의 필요를 더욱 채워 주고 싶어진다. 그래서 상대방의 필요를 또 채워 주면……. 이런 식으로 부부간의 사랑은 계속해서 더욱 깊어지고 커진다.

우리는 이것을 YES의 나선이라고 부른다. 즉 상대방을 사랑하는 일에 더욱 열심을 내게 되는 것이다. 이런 상황을 말한다.

남편: "여보, 나 왔어요." (아내에게서 아무런 대답이 없다. 부엌에서 달그락거리는 소리만 들릴 뿐이다.) "이 성의 주인이 돌아왔는데 환영하는 사람이 없네?" 장난기 어린 목소리로 말한다.

아내: "어머, 미안해요. 당신이 들어오는 소리를 듣지 못했어요. 저녁 준비 하느라고 바빴거든요." (달려와서 허리를 끌어안고 바라보며 볼에 입을 맞춘다.) "여보, 이제 막 집에 돌아온 사람에게 이렇게 부탁하는 건 정말 미안한데, 식사 준비를 하다 보니 몇 가지 양념이 빠졌지 뭐예요. 음식에 꼭 필요한 것들이거든요. 미안하지만 가게에 가서 좀 사다 주실 수 있어요?"

남편: "물론이지요, 뭐가 필요한데요?"

아내: "당신이 최고예요. 여기 메모 있어요."

남편: "아참, 정말 잊을 뻔했는데, 내가 가게 갔다 오는 동안 부모님께 전화해서 언제 집에 들러서 물건을 찾아갈 수 있는지 물어봐 줄래요?"

아내: "네, 알았어요. 저도 어머니와 통화한 지 며칠 된 것 같아요. 제가 전화 드릴게요."

남편은 아내에게 걸어가서 사랑스럽게 안아 준다.

아내: "당신을 정말 사랑해요.

남편: "언제라도 당신을 위해 양념을 사다 주겠어요."

아내: "여보, 빨리 다녀오면, 저랑 비밀 양념에 대해 이야기 나눌 수 있을 거예요"

(남편이 집을 나설 때 아내는 고개를 살짝 저으며, 미소를 띠고 조용히 속삭인다.)

아내: "당신은 기가 막힌 사람이에요."

좀 닭살스러운 대화인가? 그럴 수도 있다. 그런데 이 아내와 남편의 대화 속에 긍정적인 대답이 얼마나 많이 나왔을까?

1. 아내는 남편의 따뜻하게 맞이해 달라는 요구에 긍정적으로 응했다.
2. 남편은 가게에 다녀와 달라는 아내의 요구에 응했다.
3. 아내는 시부모님께 전화해 달라는 남편의 요구를 기꺼이 받아들였다.

4. 남편은 아내를 끌어안아 주면서 긍정적인 표현을 했다.
5. 아내는 그날 밤 분위기 있는 밤을 보내게 될 거라는 암시를 주었다. 남편은 요구하지도 않았다.

긍정적인 행동이나 태도나 말로 대응함으로 "Yes"라는 대답은 계속 목소리가 커져 갔다. 그래서 두 사람은 서로를 더 편안히 대하게 되었고, 서로를 기꺼이 섬기려 했고, 더 적극적으로 상대방의 필요들을 채우려 했다.

그런데 이런 대화가 전혀 다른 방향으로 흐를 수도 있다.

남편: "여보, 나 왔어요." (아내에게서 대답이 없고, 부엌에서 달그락거리는 소리만 들릴 뿐이다.) "이 성의 왕이 돌아왔는데 내다보지도 않나?" (목소리에는 비난의 어조가 깔려 있다.)

아내: "미안해요. 들어오는 소리를 듣지 못했어요. 저녁 준비에 바빴거든요." (부엌에서 나오지 않고 큰소리로 대답한다.) "집에 막 돌아온 사람에게 이런 부탁하기는 정말 싫지만, 음식을 준비하는 데 몇 가지 빠진 양념이 있는데, 꼭 필요한 양념이거든요. 가게에 가서 좀 사다 주실 수 없어요?"

남편: (우편물들을 들여다보며) "왜 가게에 갔을 때 사 가지고 오지 않았어? 어제도 가게에 갔었잖아."

아내: "그때는 필요한 줄 몰랐죠. 머리가 복잡했었잖아요. 당신

도 알잖아요." (날카로운 목소리로 대답한다.) "여기 적어 놓은 거 있어요."

남편: "오늘은 그냥 그 양념 없이 요리해. 밖에 다시 안 나갈 거야. 나는 오늘 하루 일과를 다 마쳤단 말이야. 그건 그렇고, 부모님께 전화해서 물건을 언제 가지러 가야 할지 물어보았어?"

아내: "당신이 전화한다고 했잖아요! 모든 일을 저 혼자 다할 수는 없어요. 보시다시피 저도 바쁘다구요."

남편: "좋아. 그 물건이 별로 필요 없는 것 같군. 나는 아무래도 좋으니까."

아내: "좀 비켜 주세요. 가게에 갔다 와야겠어요. 오늘 저녁식사는 많이 늦을 것 같군요." (문을 향해 걸어 나가면서 이를 악물고 거의 들리지 않는 소리로 말한다.) "정말 기가 막히게 하네요."

팽팽한 긴장감이 느껴지지 않는가? 남편과 아내는 한 번도 상대방의 요구를 들어 주지 않았다. 두 사람은 점점 "Yes"라고 대답하기 힘들어지고 있다. "No"라는 대답이 하강 나선을 그리며 점점 더 조여 간다. 마치 덫에라도 걸린 듯 점점 주기 싫어지고 점점 더 상대방의 필요를 채우기 싫어진다.

이렇게 서로 다른 두 대화에서 사용된 에너지를 비교해 보자. 처음의 대화는 부드럽고 별로 힘이 들어 보이지 않는다. 비록 처음에 좋다고 대답하기 조금 힘들었을지 몰라도, 나중에는 아내를 더 사랑하게 되었을 뿐 아니라 자기 자신에 대해서도 기분이 좋아진다. 하지만 두 번째 대화는, 과연 정말로 사람을 피곤하게 만든다.

"물론, 아내를 위해 죽을 수도 있어요, 그렇지만⋯⋯."

이런 생각이 들 것이다. "물론 편안한 관계보다 갈등관계가 더 피곤하다는 것은 알고 있어요. 하지만 아내가 요구하는 일이 정말 하기 싫을 때는 어떻게 하지요?" 그리고 숨을 한번 깊이 들이마시면서, 정말 하고 싶지 않지만 이렇게 반문할 것이다. "그래도 꾹 참고 가게에 갔다 오란 말씀이신가요? 정말 하기 싫어도?"

그렇다. 바로 내 말이 그 말이다.

성경의 명령은 너무너무 분명하다. "남편들아 아내 사랑하기를 그리스도께서 교회를 사랑하시고 위하여 자신을 주심 같이 하라"(엡 5장 25절)[8] 사랑은 항상 행동으로 나타나게 되어 있다. 하고 싶지 않은 때도 행해야 한다. 아내를 사랑한다고 말한다면 아내를 기쁘게 하는 일을 행해야 한다. 하기 싫은 일도 해야 하는 것이다.

"Yes" 나선형 대화에서는 먼저 사랑을 적극적인 행동으로 옮기고 나서 감정도 바로 뒤따라왔다. 아주 기분이 좋아진다. 그렇지만 "No" 나선형 대화에서는 자신이 그럴 만한 자격이 있다고 생각하는 대로, 자기감정대로 행동했다. 그렇지만 아내가 양념을 사러 획 집을 나가버리고 나면 둘 다 몹시 불쾌한 감정에 휩싸이게 된다. 피곤한 하루를 보내고 와서 쉴 권리를 요구하는 것은 물론 정당하다고 말할 수 있지만, 기분은 정말 끔찍해졌다.

아내를 위해 죽을 수 있느냐고 물으면 남편들은 아마 대부분 그럴 수 있다고 대답할 것이다. 강도가 들어와서 당신이 죽을지 아내가 죽을지 선택하라고 하면 아마 용감하게 자신이 죽겠다고 말할 것이다. "아내 대신 나를 죽이시오." 남자들의 영웅본색이 활활 타올라 용감하게 나설 것이다.

이렇게 죽는 것은 쉽다. 이기심과 희생 사이에서 빠르고, 용감하고, 분명한 선택이기 때문이다. 그렇지만 현실은 그렇지 않다. 이런 일이 거의 일어나지 않는다. '아내를 위해 죽는 일'은 더 작고, 사람들 눈에 띄지 않고, 칭찬받지 못하는 일에서 보여 주어야 한다. 자신의 것보다 아내의 요구를 우선에 두어야 한다. 그래서 아내의 요구를 들어주는 것이 힘든 하루를 보내고 다리를 올려놓고 쉬는 것보다 더 중요하다. 훨씬 더 중요하다.

이런 변명이 있을 수도 있다. "저는 그런 식으로 아내를 돕는 건 쑥스럽고 불편해요." 혹은 "누가 느닷없이 부탁을 하면 저는 참 힘들어요."라든지, 아니면 이런 변명은 어떤가? "집사람은 제가 집안일을 못하는 걸 잘 알아요." 또 이런 말은? "저는 원래 경쟁심이 강해서 양보 운전 같은 건 제 체질에 안 맞아요. 아무리 아내가 옆에서 부탁해도 말이죠."

좋다. 이런 일들은 그렇게 자연스럽게 되기 어렵다. 자전거는 처음부터 잘 탔던가, 아니면 넘어지면서 배웠던가? 수영은 또 어떤가? 읽고 쓰는 것은? 컴퓨터는? 어떻게 이런 일들을 잘하게 되었나? 자연히 되었나? 아니면 열심히 노력해서 배웠나? 능숙하게 하기까지 무엇을 해야 했던가? 대답은 간단하다. 잘하고 싶어서 열심히 배웠던 것이다.

아내는 뭘 필요로 할까?

꽤 늦은 저녁에 부부가 동네에 산책을 나갔다. 가다가 가로등 아래서 두 남자애가 무릎을 꿇고 잔디밭에서 뭔가 열심히 찾고 있는 것을 보았다. 손을 이리저리 앞뒤로 저어가며 열심히 찾고 있었다.

"무슨 일이니?" 남편이 아이들에게 물었다. "뭘 잃어버렸니?"

"네." 한 아이가 돌아보지도 않고 대답했다. "제 친구가 주머니칼을 잃어버렸어요."

"여기서 잃어버렸니?" 아내가 물었다.

"아뇨." 한 아이가 고개를 돌려 바라보더니 말했다. "저기 길에서 잃어버렸어요. 하지만 여기가 밝아서 찾기 쉬워요."

유치한 이야기지만, 그러면서도 아주 날카로운 교훈을 담고 있다. 우리는 가끔 아내가 요구하는 바를 자기가 찾기 편한 데서 찾는다. 아내가 원하는 것이 있는 곳으로부터 멀리 떨어져서 찾고 있다. 아무리 열심히 찾아도 엉뚱한 곳에서 '잃어버린 주머니칼'을 찾을 수는 없는 노릇이다.

좋은 아이디어가 있다. 아내가 필요로 한다고 생각되는 것을 다섯에서 여섯 개 정도 중요한 순서대로 적어 보자. 일반적인 것도 좋고 구체적인 것도 좋다. 그리고 자기 것을 보여 주지 말고 아내에게도 적어 보라고 하자. 시간을 내서 두 리스트를 서로 비교해 보자. 아내에게 엉뚱한 곳에서 주머니칼을 찾던 아이들의 이야기를 들려 주면서 대화를 시작하면 좋을 것이다.

그렇게 아내의 요구들을 알게 되면 아내가 쓴 리스트의 첫 번째 것부터 시작해 보자. 정말 즐거운 일들이 일어날 것이다.

나는 무엇이 필요한가?

제레미가 마크의 사무실로 걸어 들어왔다. 물건이 잔뜩 놓여 있는 구석의 의자 위로 쿵 하고 앉았다. 마크는 하던 일을 멈추고 쳐다보았다. 뭔가 마음이 편치 않은 것이 분명했다.

"힘든 하루를 보내고 나면" 하고 제레미가 이야기를 시작했다. "나는 아내가 나를 위해서 집에 있어 주었으면 좋겠어. 하지만 말로 표현하기 정말 힘든 시간이었다구. 나는 내게 필요한 것을 신디에게 말하고 싶었는데, 아마 내 '부탁하는 기능'이 망가진 모양이야. 그러는 대신 싸움을 걸었다니까."

"어이, 나를 위해서 거기 있어 주니 고마워." 제레미는 늘 신디에게 비꼬는 투로 말하고는, 아내가 마음을 알아 주지 않는다고 불만스러워 한다.

그렇게 되면 신디나 제레미 모두에게 끔찍한 저녁이 될 수밖에 없다.

"저녁마다 이런 식으로 싸우는 데 지쳤어." 제레미가 고백했다. "어떻게 하면 좋지?"

당신에게 한번 질문해 보자. 당신은 제레미에게 어떻게 말해 주겠는가? 제레미의 문제를 해결할 방안을 제시할 수 있겠는가?

아내 신디도 분명 제레미를 사랑한다. 그런데 제레미는 아내를 그렇게 필요로 하면서도 아내가 자신을 위해 무엇을 해 주도록 유도하지 못하고 있다. 그렇지 않은가?

이 부부는 처음부터 다시 시작해야 한다. 제레미가 용기를 내어, 비꼬는 말이나 비난이 어리석고 나쁜 일이라고 인정하기부터 해야 한다. 그러고 나서 신디에게 남편이 바라는 것을 분명하게 알려주고 해야 할 일을 주어야 한다. 조금 전에 했던 아내의 요구를 알아보는 방법을 반대로 적용해 볼 수 있다. 이번에는 남편이 원하는 리스트를 적어 본다.

아마 이 책의 여자 편에서 무슨 말을 하고 있는지 궁금할 것이다. 남편이 아내에게 바라는 것이 무엇인지 전문가의 의견을 알고 싶다면 여자 편 41, 42쪽을 읽어 보자. 진정한 용기가 있어야만 내가 아내를 필요로 한다는 것을 인정할 수 있다. 그러고 나서 정직하게 자기가 바라는 것이 무엇인지 살펴야 할 것이다.

잃어버린 주머니칼을 정말로 찾기 원한다면, 찾기 어려운 자리부터 떠나야 한다.

3장
영적 연합
정말 중요한 데 투자하자

> 그리스도인의 결혼은 평생에 걸친 성찬식이다.
> 찬양과 순종의 행위이며 수도원에서 행해지는 다른 어떤 영적인 행위나,
> 교회나 선교지에서 행해지는 일들과 같이 영적인 행위이다.
> 그리고 사람이 이 세상에서 행할 수 있는 어떤 일보다 우선하는 가장 중요한 일이다.
> 마이크 메이슨, 『결혼의 신비』

바비와 내가 결혼한 지 일 년도 채 되지 않았을 때였다. 아내는 치과에서 임시직 보조간호사로 일하면서 대학에 다니고 있었다. 나는 청소년 사역을 하고 있었고 최저 임금보다 적은 월급을 받고 있었다. 그러던 어느 날 바비의 주치의를 찾아갔는데, 그런데 글쎄 바비가, 아니 우리가 아기를 가졌다는 것이었다.

아기가 생겨서 무척 기쁘기는 했지만, 아직은 계획에 없었던 일이었다. 부양해야 할 식구가 하나 더 늘어난다는 사실도 벅찼지만 그보다 나는 아직 내가 누구인지, 어떻게 좋은 남편이 될 수 있을지도 파악하지 못하고 있었다. 그리고 아내를 알아 가기 위해 애쓰고 있는 상황에서 아버지까지 돼야 했다. "난처했나요?"하고 묻는다면, 좋은 표현이긴 하지만, 근처에도 못 미치는 표현이다.

병원에서 돌아오면서 우리는 거의 한마디도 하지 않았다. 아파트 문을 여는 순간 나는 감정이 북받쳐 올랐다. 쉴 새 없이 눈물이 흘러내렸다. 바비는 부엌에 들어가서 의자를 끌어와 앉았다. 나는 아내 앞에서 바닥에 주저앉아 아내 무릎에 얼굴을 묻었다. 그런 행동은 평상시 나답지 않은 모습이었다. 내 안의 어딘지 전혀 알 수 없는 곳에서부터 계속 흐느낌이 쏟아져 나왔다. 바비는 거기 그냥 앉아 있었다. 아마 이 남자가 누군지, 왜 그렇게 주체할 수 없이 울고 있는지 몰라서 당황했을 것이다.

몇 분이 지나서 나는 겨우 말할 수 있었다. "감당하지 못하겠어." 나는 그 말밖에 못했다. "정말 감당하기 힘들어."

이상하게 들릴지 모르지만 바로 그때 나는 좋은 남편과 좋은 아버지가 될 가능성을 갖게 되었다. 어떻게? 그건 바로 그 순간 두려움에 떨며 하나님 아버지께 도움을 구하는 것 외에는 아무것도 할 수 없었기 때문이었다.

벌거벗기

결혼생활에서 남편이 영적인 삶을 주도하는 것은 쉬운 일이 아니다. 아주 정직한 노력이 필요하다. 특히 부모님들이 영적인 친밀감을 나누는 것을 보지 못한 사람들은 더욱 그럴 것이다.

예를 들어 많은 남자들이 대표기도를 하면서 '영적으로 벌거벗는 것'을 너무 두려워한다. 아내와 함께 일대일로 기도하는 것은 조금 덜하겠지만…… 보통 때 아주 당당하던 남자가 "자, 기도해 주시는 것으로 우리 모임을 마치지요."라는 말 한마디에 떨리는 푸딩처럼 벌벌 떠는 것을 보았을 것이다.

부부가 두 가지 영역, 즉 성관계와 영적인 것에 대해 얼마나 편안하게 대화할 수 있는가를 가지고 부부의 친밀도를 평가할 수 있다. 육체적으로 친밀한 대화는 서로의 생각과 몸을 숨김없이 드러낸다. 그리고 영적으로 친밀한 대화는 서로의 영혼을 드러낸다.

이야기를 더 진전시키기 전에 여기에서 말하는 영적인 친밀감이 아닌 것에 대해 먼저 이야기해 보자. 영적인 친밀감은 정확하게 신학이나 몇 가지 종교적인 논리에 대해 동의해야 한다는 의미가 아니다. 이런 것들이 중요하지 않다는 말은 절대 아니다. 신학은 아주 중요하다. 그렇지만 하나님에 대한 몇 가지 사실에 서로 동의하는 것으로 충분한 것은 아니다. 이론만 가지고 예수님이나 아내와 친밀한 관계를 유지할 수는 없다.

두 관계 모두 다음 단계로 나아가야 한다. 열린 마음으로 자신의 비밀스러운 곳을 기꺼이 보여 주고, 호기심과 기쁨을 가지고 상대방의 마음을 탐험하고, 자신의 영적인 의심과 두려움을 드러내고, 서로를 더욱 깊이 이해하게 되기를 즐거워해야 한다. 이런 일은 일상적인 삶 속에서 이루어진다.

"여보, 저기 하늘 높이 나는 매를 좀 보세요." 집으로 돌아오는 고속도로 위에서 아내에게 말한다. "정말 하나님께서 만드신 세상이 너무 멋지지 않아요?"

"우와, 저기 무지개가 떴어요." 아내가 베란다에서 소리친다. 이런 일들은 우리 눈이 감동에 젖게 하고 마음이 하나님을 향해 열리게 한다.

우리 부부는 음악을 좋아한다. 특히 옛 찬송가와 클래식 음악을 좋아한다. 또 재즈와 CCM도 좋아한다. 우리는 가끔 차에서 아무 말도 하지 않고 좋아하는 음악을 틀어 놓고 음악 감상을 한다. 내 말은 아주 크게 틀어 놓는다는 말이다. 이런 음악은 우리 두 사람의 영혼을 높이 고양시킨다. 우리는 또 주일예배에 거의 빠지지 않는다. 예배에 빠지면 죄의식이 들기 때문이 아니라, 예배를 통해 살아 계신 하나님 앞에 이르는 경험을 하기 때문이다. 그리고 하나님 앞에 서면 모든 사물이 다르게 보인다.

우리가 아는 친구 중에 은퇴한 한 분이 있다. 그런데 이분이 얼마 전에 부인과 함께 부부 프로그램에 참석했다고 한다. 이분은 이미 오래전에 금혼식(결혼 50주년)을 치렀지만 아직도 더 나은 결혼생활을 위해 노력하고 있다. 이 신사분은 자신이 아내를 깊이 이해하고 있고, 아주 행복한 결혼생활을 유지하고 있다고 늘 자랑스럽게 말한다(실제로 아주 훌륭한 부부로 몇 번 결혼생활 세미나에 초청되어 강연을 하기도 했다). 그런데 이번 주말 프로그램에 참가하면서 지금껏 아내에게서 보지 못했던 면을 보았다고 했다.

프로그램 중에 남편이 아내에게 해 준 일 중 가장 의미 있고 좋은 것을 쓰는 순서가 있었다. 그리고 남편도 그렇게 하도록 했다. 그는 활짝 웃으면서 이렇게 설명했다. 몇십 년을 함께 살아 왔기 때문에 아내가 별다르게 쓸 무엇이 없을 거라고 생각했는데, 일 번으로 쓴 내용이 그를 정말 놀라게 했다. 그는 아내가 집 청소를 잘 도와주는 것이나 주말에 함께하는 데이트가 고맙다고 말하겠거니 했다. 그러나 "남편이 자신에게 사랑을 보여 준 가장 의미 있는 일"의 일 번은 바로 '함께 기도해 준 것과 영적인 리더십'이었다.

그는 가정에서 영적인 일들을 주관하는 것이 단지 자신의 의무라고 생각해 왔다. 그러나 그것이 아내에게 사랑을 나타내는 강력한 방법이 될 거라고는 꿈에도 생각하지 못했다. 그러나 아내에게는 그것이 가장 으뜸 되는 일이었다.

그러면 어떻게?

이제 영적인 생활이 중요하다는 데 동의하는 것이 그리 어렵지 않을 줄 안다. 그것도 아주 중요한 일임을 말이다. 아내는 당신의 생각과 몸뿐 아니라 마음속에 무엇이 들어있는지 알고 싶어 한다. 아내와 함께 영적인 세계를 탐험하고 함께 하나님 앞에 나아가면 놀라운 일들을 경험하게 될 것이다. 그러면 이제는 "그렇다면 어떻게 해야 되죠?" 하고 묻고 싶을 것이다.

교회 지도자들에게 부부간에 영적인 친밀감을 어떻게 나누고 있는지 물어보았지만 대답이 다들 제각기 달랐다는 사실을 알려 주고 싶다. 사람들마다 방법이 조금씩 다 달랐다.[9]

마크는 결혼예비상담을 하면서 영적 친밀감을 높이는 방법으로 K.I.S.S.(keep it simple, stupid. 단순 무식하게 하기) 방법을 권한다. 적어도 한 가지는 꼭 습관처럼 하는 것이다. 예를 들어 식사 전에 함께 기도하거나, 잠자기 전에 함께 기도하거나, 함께 주일학교 교사를 하거나, 신앙서적을 함께 읽는 것 등이 있다. 마크는 예비부부들에게 그리스도 안에서 연합을 느낄 수 있게 하는 실제로 실천 가능한 일이 무엇인지 물어본다.

구약에서는 영적 친밀감을 이렇게 표현하고 있다. "너는 마음을 다하고 성품을 다하고 힘을 다하여 네 하나님 여호와를 사랑하라…… 집에 앉았을 때에든지 길에 행할 때에든지 누웠을 때에든지 일어날 때에든지 이 말씀을 강론할 것이며"(신 6:5, 7)[10]

"네 하나님 여호와를 사랑하라" 지금의 아내에게 청혼을 해서 부부가 되기까지는, 처음에는 만났었고, 알게 되었고, 원하게 되었고 결국은 결심을 해서 "저와 결혼해 주시겠어요?"라고 청혼하는 데까지 이르게 되었을 것이다. 하나님과의 관계도 마찬가지다. 하나님께서 어떤 분이신지 이해하기 시작하고, 하나님 없는 깊은 외로움을 경험하고, 결국 이렇게 결심하기까지 이르게 된다. "주님을 따르겠어요."

"집에 앉았을 때에든지" 높이 나는 새를 보던 일과, 베란다에서 보던 멋진 무지개에 대해 말한 적이 있다. 이런 멋진 모습을 보면 우리는 "하나님은 정말 너무 멋지셔!"라고 감탄하게 된다. 그리고 오직 말씀으로 이 모든 것들을 창조하셨다는 것을 생각하게 된다. 이런 상황 속에서 영적으로 만들려고 무엇을 더할 필요는 없다. "오늘 설교 시간에 목사님께서 말씀하신……"하고 말해야 하는 건 아니다.

몇 년 동안 우리 부부는 특별한 때나 혹은 어려운 상황이 닥칠 때마다 잠자리에 들기 전에 함께 큰 소리로 기도해 왔다. 이런 기도에 무엇인가 특별한 것은 없다. 단지 우리 두 사람이 하늘 아버지께 함께 이야기하는 것만으로 충분하다. 그곳에 하나님께서 계신다!

연결고리와 기도걸이

마크와 수잔은 하루 중 앉기, 일어서기, 잠자리에 들기 같은 '전환하는' 시간을 가장 자연스럽게 영적인 것과 연결하는 '연결고리'로 삼았다. 수잔은 아침에 잠자리에서 일어나면서 마크를 지나치면 볼에 입을 맞추며 "좋으신 하나님!"이라고 말한다. 마크는 잠들기 전에 침대에서 수잔의 손을 잡고 말한다. "함께 기도하고 싶어요?" 식사시간도 좋은 연결고리가 된다. 멈추어 서거나 손을 잡거나 축복의 말을 건네는 것도 자연스러운 연결고리가 될 수 있다.

이런 일을 하는 데는 요란한 팡파르를 울리거나 철저한 준비나 훈련을 받을 필요도 없다. 그러나 그렇게 매일의 일상적인 일들을 영적인 일로 바꾸면 하나님과 동행하는 일을 습관처럼 놓치지 않을 수 있다.

바비와 나는 '기도걸이'라는 비슷한 것을 가지고 있다. 어떤 장소, 물건, 상황을 의도적으로 기도로 연결하는 것이다. 예를 들면 교회 가는 길에 4번 고속도로에서 앤더슨가로 빠져나가는 길이 우리가 기도하는 장소다. 그때 우리는 기도한다(눈을 뜨고 계속 운전하면서). 주일예배를 위해 그리고 주일학교를 위해, 주님의 집에서 주님의 시간에 주님께서 말씀해 주실 것을 위해 기도한다.

또 아침에 사무실에 들어가서 불을 켜고 구석에 놓인 내 초록색

3. 영적 연합

의자를 보는 순간 나는 기도한다. 마치 와서 무릎을 꿇고 기도하라고 초청하는 것처럼 보인다.

그 외의 나의 기도걸이는 매우 일상적인 일과 연결되어 있다. 그렇지만 정말 효과가 있다. 예를 들어 젓가락을 사용할 때 사위 크리스토퍼를 위해 기도한다. 왜냐하면 그가 젓가락을 아주 즐겨 사용하기 때문이다. 쓰레기를 갖다 버리면서 사위 존을 위해 기도한다. 왜냐하면 쓰레기통 안에 비닐봉지를 하나 더 깔아 놓는 것을 가르쳐 주었기 때문이다. 그래서 쓰레기통의 빈 봉지를 보면 그가 생각나서 기도한다. 한 번은 내 친구 잭이 세상에서 가장 하찮은 사실을 하나 이야기해 주었다. 원숭이들이 바나나를 벗길 때 아래부터 벗긴다는 것이다. 그렇게 벗기는 것이 더 잘 벗겨지기 때문이라고 했다. 내가 바나나를 먹을 때 껍질을 아래서부터 벗기면서 누구를 위해 기도하겠는가? 그 외에도 여러 가지가 있지만, 이런 식으로 스스로 만들 수 있다.

이런 것들이 구약의 저자가 신명기를 쓰면서 생각한 것들이다. 하나님과 영적으로 긴밀한 관계를 갖는다는 것은 오늘이라는 시간을 하나님과 함께하는 것이다. 특히 작은 일상사를 하나님과 함께하는 것이다.

신실한 신부가 되어

이제 결혼해서 신랑이 되었다. 그런데 하나님께서 우리와의 관계를 지금 막 내가 경험한 그 일로 표현하고 계신다는 사실이 재미있다. 즉 하나님과 우리를 결혼관계로 말씀하고 계신다. 그러나 이번에는 하나님께서 신랑이시고 우리가 신부다!

신랑이 신부를 기뻐함 같이 네 하나님이 너를 기뻐하시리라
(이사야 62장 5절)

테레사 수녀는 이것을 이해하고 있었다. 테레사 수녀가 하나님께서 말씀하신 가족에 대한 기준을 설명할 때, 한 남자가 이런 질문을 던졌다. "저, 수녀님, 정말 죄송한 질문입니다만, 결혼도 하지 않은 수녀님께서 남편과 아내의 관계에 대해 가르치시는 것은 좀 어렵지 않으신가요?"

캘커타에서 온 이 작은 수녀는 이 남자가 불쑥 던진 질문에 조금도 위축되지 않고 눈을 찡긋하며 이렇게 말했다. "선생님께서 뭘 잘못 알고 계신 것 같군요. 저는 이미 결혼했어요. 그리고 예수님께서는 가끔 아주 힘들게 하는 신랑이시랍니다!"

그 남자는 아무 말도 못하고 제자리에 앉았다.

아주 분명하게 말할 수 있다. 완벽한 신랑이신 하나님과 당신과의 관계 속에서, 신실한 신랑이 되어 아내와 함께 걷는다는 것이 무슨 의미인지 배워야 한다! 완벽한 신랑은 다음과 같다.

하나님께서는 항상 주의를 기울이신다

결혼한 후로 배우자가 한 번도 내 말을 놓치지 않고 들어 준다면

기분이 어떨까? 밤이나 낮이나, 말하는 순간 귀를 기울이고 당신 말을 듣는다면……. 하나님께서는 이렇게 끊임없이 우리와 대화하신다. 가끔은 말 없이 '대화'하실 때도 있다. 그러나 우리가 부르는 그 순간 바로 우리와 함께 계신다. 하나님께서는 또한 상황을 통해, 책을 통해, 사람들의 목소리를 통해, 그리고 당연히 성경을 통해 분명하게 '말씀'하신다. 하나님께서는 주의를 기울이시는 일을 쉬지 않으신다. 정말 즐거운 일 아닌가? 그런 남편을 가진 아내의 기분은 어떨까?

하나님께서는 믿음직하시다

하나님의 신비 가운데 아주 이해하기 어려운 것 중 하나가 아버지와 아들과 성령 세 분께서 삼위일체로 계신다는 사실이다. 이 세 분께서는 항상 온전한 일체로 일하신다. 한 분이라도 알지 못하는 경우가 있을 수 없고, 한 분이라도 동의하지 않고 행하시는 경우는 없다. 이런 신랑이라면 100퍼센트 신뢰할 수 있다.[11]

바비와 나는 결혼한 후 여러 도시로 옮겨 가며 살아왔지만 그래도 항상 다른 그리스도인 남자들, 친구들과 교제하며 살기 위해 애써 왔다. 함께 성경을 공부하고 기도하고 정직하게 자신의 약점도 승리도 나눌 수 있는 사람들과 함께 교제해 왔다. 마크도 마찬가지다. 사실 어떤 모임은 결혼을 지키는 특별한 규정을 갖고 있기도 했다. 그중 어떤 모임에서 모든 남편들은 다음과 같은 훈련계획을 지키기로 서약을 했다. 한번 눈여겨보자.

- 적어도 하루에 한 번은 아내를 위해 기도한다.
- 적어도 일주일에 한 번은 아내와 함께 기도한다.
- 매일 한 가지 이상 신앙을 키우기 위한 일을 하겠다.
- 모임의 어떤 사람이 어떤 질문을 하더라도 정직하게 대답한다. "나중에 대답하겠습니다"라는 대답은 안 된다.
- 모임의 모든 사람들이 판단하기에 내 행동 중에 결혼생활이나 가정이나 나 자신에게 해가 되는 행동이 있다면, 즉각 최선을 다해 고친다.
- 아내가 필요하다고 표현한 것은, 말이나 태도나 행동으로, 전심으로 조건 없이 Yes로 답한다.

당신도 생각했겠지만 이 남자들은 정말 진지하다. 이런 질문을 하나 해 보자. "당신 아내라면 이런 남편을 좋아할까?"

하나님께서는 겸손하시다

하나님이신 예수 그리스도께서 이 지구를 방문하셨다. 이 땅 위를 가장 크고 당당하게 활보하면서 걸어야 할 사람이 있다면 바로 예수 그리스도이시다. 이 땅에 지어진 모든 것들—수많은 별들, 원자와 분자, 숲의 안개—이 그분의 말씀 한 번으로 존재하게 되었다. 그리고 그 말씀으로 지금도 세상을 다스리고 계신다. 그렇지만 예수님께서는 그 힘을 휘두르시는 대신 그 힘을 내려놓고 "종의 형체"[12]를 취하셨다. 예수님께서는 겸손을 선택하셨다.

교만은 참 이상한 질병이다. 걸린 사람만 빼고 다른 사람들이 다 고통스럽다. 아마 그런 사람과는 전혀 결혼하고 싶지 않을 것이다. 여자도 마찬가지다. 자신만 생각하고 거들먹거리는 바보보다는 겸손한 자세로 섬기는 사람과 결혼하고 싶을 것이다.

하나님께서는 존귀하시다

남자가 거짓말을 몇 번 해야 거짓말쟁이가 될까? 몇 번 외도를 해야 바람둥이라고 말할 수 있을까? 도둑질을 몇 번 해야 도둑으로 인정될까? 답은 하나다. 단 한 번이라도! 너무 가혹한 것 같지만 그것이 사실이다. 신실한 신랑은 자신의 열정과 인격과 생각과 행동을 다룰 줄 알고 그것을 일관성 있게 지켜 간다. 삶의 어떤 영역도 뒤처지지 않는다. 몰래카메라로 찍을 놀랄 만한 일이 없다. 하나님께서 바로 그런 신랑이시다. 그리고 그런 신랑의 신부가 된다는 것이 어떤 느낌인지 우리는 잘 알고 있다.

게임을 시작하면서—설교를 멈추고 함께 나누자

테일러와 라우리는 결혼할 생각이었지만 아직 준비가 안 됐다는 생각이 들었다. 먼저 영적인 연합을 갖게 될지 알고 싶었던 것이다. 그래서 매주 30분씩 함께 기도하고 경건의 시간을 갖기로 했다. 몇 주가 지나 테일러는 이 일들을 그만두고 싶었다. 일이 잘 풀리지 않았다. 테일러는 열심을 가지고 성경구절을 찾아 짧은 설교를 준비했다. 라우리는 잘 들으려고 애를 썼지만 주일학교 3학년 취급을 받는 것 같았다.

라우리가 테일러의 '설교'에 대해 어떻게 느끼고 있는지 솔직하게 말했을 때 테일러는 항복할 수밖에 없었다. 그런데 테일러는 거기서 포기하지 않았다. 그는 우리들이 정말 하기 싫어하는 일을 했다. 믿을 만한 사람에게 가서 어떻게 해야 할지 물어본 것이다. 그리고 이번에는 K.I.S.S. 원칙을 가지고 다시 시작했다.

30분 설교를 잘라버리고 5분간 시편을 읽고 그 말씀을 가지고 라우리와 함께 이야기를 나누었다. 가끔 경건서적을 읽고 함께 의논했다. 이제 라우리는 자기 약혼자를 설교자로 느끼지 않고 자신의 영혼의 반려자임을 깨닫게 되었다. 영적인 친구임을 깨달았다.

하나님께서는 단지 부부가 같은 집 주소를 쓰고, 성생활이나 스포츠나 다른 활동을 같이하고, 또 공통의 신념을 함께 나누기만을 위해서 결혼제도를 주지 않으셨다. 결혼에는 그보다 훨씬 더 심오한 것이 들어 있다. 사람들이 놓치기 쉬운 영적 친밀감은 당신과 아내에게 전혀 새로운 연합을 가져다 준다. 둘을 함께 하나님께 연결시키고 결혼의 새로운 영역을 펼쳐 준다. 마치 '서라운드 사운드' 버튼을 누른 것처럼 영적인 친밀감은 생각지 못한 풍부함을 가져다줄 것이다.

당신과 아내가 늘 바라 왔던 바로 그런 부부관계를 갖게 될 것이다.

4장
원(源)가정
흐르는 강물처럼

> 우리는 "둘이 하나가 될지어다"라고 말한다. 맞는 말이다.
> 하지만 실제적으로는 여섯 사람이 결혼에 복잡하게 얽혀 있다.
> 그래서 집이 상당히 복작거릴 때가 있다.
> 부모님 네 분과 과거의 어린아이 둘이 있기 때문이다.
> 데이비드 씨맨즈, 『어린아이 일을 버리고』

그것은 가장 길고 잠도 자지 못했던 여행이었다. 1973년에 남자 고등학생 15명과 나를 포함한 지도교사 4명은 캠핑카와 픽업트럭을 빌려서 쉬지 않고 일리노이주 시카고에서 콜로라도 덴버로 달렸다. 그리고 다시 학교 버스를 빌려서 쉬지 않고 유타주 유레이로 향했다. 그곳에 있는 그린강[13]으로 래프팅을 갔던 것이다. 가는 길 내내 거의 내가 운전을 했다. 26시간을 운전했고, 우리는 모두 다 지쳐 있었다.

우리가 난생 처음 보는 커다란 고무보트에 올라가기 전에 가이드는 지금 우리가 하려는 모험이 얼마나 위험한지 설명해 주었다. 주의사항을 듣는 우리의 태도는 '부주의하다'라는 표현으로는 부족했다. 우리는 모두 여정에 지쳐 하품을 하고 쭈그리고 앉아 있었다. 가이드는 강 상류부터 하류에 이르기까지 급류의 위력이 얼마나 강한지 말해 주었다. 그래서 우리 중에 '원하지 않는 수영'을 하게 되는 사람이 있을 수 있다고 말했다. 그리고 그렇게 될 경우 무엇을 해야 하고 무엇을 하지 말아야 하는지 설명했다.

"다리를 계속 위로 들고 계세요." 가이드는 말했다. "만약 다리를 물 아래로 내리면 물 속 바위에 다리가 걸려서 죽을 수도 있어요." 퉁명스럽게 죽을 수도 있다고 하는 말에 우리는 눈이 번쩍 뜨였다. 그는 또 이렇게 말했다. "흐르는 강물도 아주 위험해 보이지만 그 밑에 흐르는 급류는 비교할 수 없이 위험합니다."

그 다음 4일 동안 가이드의 충고대로 우리 중 많은 사람들이 '원하지 않는 수영'을 하게 되었다. 일행에서 덩치 큰 축구선수와 레슬링선수들 중에는 가이드가 강 아래 조류의 위험에 대해 그저 좀 과장하는 것이라고 생각하는 사람도 있었는데, 나중에 그 말이 가감 없는 사실임을 처절하게 깨달았다.

가장 잊을 수 없는 사건은 늦은 오후에 하얗게 거품이 이는 맹렬한 '웅덩이'로 보트가 직진하면서 벌어졌다. 가장 운동을 잘한다던 빌 잭슨이 마치 미사일처럼 순간적으로 보트 맨 앞자리에서 보트 뒤로 사 미터 이상 공중을 날아 첨벙 소리를 내며 물속에 떨어졌다. 다음 몇 분 동안 맹렬히 파도가 치는 가운데 우리는 그와 같은 처지가 되지 않기 위해서 로프를 꼭 잡고 잔뜩 웅크리고 앉아 있었다. 잭슨은 다리를 위로 쳐들고 보트 밖에서 우리를 쫓아왔다. 마치 코르크 마개처럼 보였다. 저녁이 되어서야 우리는 그 일을 가지고 농담할 수 있었다. 그렇지만 그 상황 속에서 직접 당하고 있을 때는 정말 위험하기 짝이 없었다.

감사하게도 모든 일이 안전하게 끝이 났다. 몇몇이 트로피처럼 멍이 들고 상처를 입기는 했지만, 아무튼 우리는 그 일을 해낸 것이다.

결혼에서의 급류

결혼은 래프팅과 비슷하다. 함께 보트를 타고 내려가면서 보트가 강줄기를 타고 돌 때마다 새로운 경험들을 하게 된다. 그러나 우리가 나서 자란 본래 가정에서 가지고 온 잔재들은 마치 물속에서 흐르는 급류처럼 강력하다. 급류를 타고 강 아래로 쏜살같이 달려가는 것은 즐거운 일이다. 그렇지만 물 표면 아래의 급류로 정말 파괴적이고 위험한 지역이 되기도 한다. 특히 갑자기 나타나 우리를 덮칠 때는 더욱 그렇다

바비와 결혼하고 함께 산 지 얼마 되지 않아, 내가 자란 가정과 아내가 자란 가정이 너무 달라서 생각지도 못했던 일들이 일어났다. 어느 날 저녁, 식사를 마치고 바비가 아이스크림을 먹자고 했다.

"좋지요." 나는 말했다. "맛있겠다!"

몇 분 후 바비가 아이스크림 한 그릇을 가져왔다. 진짜 한 그릇 가득 가져왔다는 말이다. "이건 여섯 사람이 먹고도 남을 양인데요." 나는 그 말이 얼마나 생각 없이 상처를 주는 말인지 몰랐다.

바비의 표정은 즐거워 보이지 않았다.

나는 조심하고 절약하는 것을 아주 중요하게 여기는 그런 가정에

서 자랐다. 미국에 정착한 지 4대째나 되는 독일계 미국인이었지만, 냉철함과 책상 정리하는 습관과 복도에서 뛰지 않는다는 생각이 우리의 유전자 염색체에 각인되어 있었다. 우리 어머니는 아이스크림을 주실 때 큰 스푼으로 하나만큼 주셨다. 아버지가 집에 안 계시고 우리가 말을 잘 들으면 반 스푼 더 주셨다. 바비의 가정은 반대로 먹는 것을 아끼지 않았다. 그래서 바비에게 한 그릇 가득 아이스크림을 먹는 것은 너무 정상적인 것이었다.

여기에 중요한 단어가 나온다. '정상적인 것'.

바비에게 아이스크림은 큰 스푼으로 하나만큼 먹는 것이 아니라 그릇으로 하나 가득 먹는 것이 정상적이었다. 나에게 아이스크림을 먹는 정상적인 방법은 그렇지 않았다. 그런 식으로 나는 내 의식 아래 흐르는 많은 것들을 결혼한 후에도 여전히 가지고 있었던 것이다.

우리 아버지는 이웃에게 별로 관심이 없었다. 물론 무례하거나 불친절하셨던 것은 아니었지만 그저 일부러 나가서 이웃과 대화하거나 굳이 알려 하지 않으셨다는 것이다. 이웃집 파티에 참석하는 것은 석유로 양치하는 것 다음으로 싫어하시는 일이었다. 아버지의 그런 모습은 나에게 무척 자연스러웠다. 가족과 함께 시간을 보내고 이웃은 그저 지나가면서 손을 흔들거나 인사하는 정도가 자연스러운 이웃과의 관계였다.

내가 처음으로 버지니아에 있는 바비의 집을 방문했을 때였다. 바비는 부엌에서 생일케이크에 예쁘게 마지막 장식을 하고 있었다. 교제를 시작한 지 얼마 안 되었을 때였지만 우리는 분명한 애인관계였다.

나는 바비에게 물었다. "누구 생일케이크예요?"

"제네럴 일리그의 생일이에요." 바비가 즐겁게 대답했다.

"그 사람이 누구죠?" 나는 질투가 생기는 것을 들키지 않으려고 조심스럽게 물었다.

"바로 옆집에 사는 사람이에요." 바비가 대답했다.

나는 정말 아주 많이 놀랐다. 물론 좋은 이웃이겠지만, 단지 이웃을 위해 케이크를 만들기 위해 이렇게 귀한 시간을 들이다니!

내게는 이웃의 생일을 아는 것도 특별한 일이었다. 그리고 안다고 해도 생일카드를 쓰는 것조차 생각해 본 적이 없다. 그런데 생일케이크를 만든다니, 아예 상상할 수도 없는 일이었다. 바비에게는 정상적인 일이 내게는 완전히 시간과 노력을 낭비하는 것이었다. 좋은 이웃이란 그저 방해하지 않고 집에 페인트를 부지런히 칠하고 잔디밭을 깨끗하게 손질하고 잡풀이 나지 않게 관리하는 사람일 뿐이다. 그것으로 충분하다.

여기에 '정상적인 일'에 대한 아주 중요한 원칙이 있다. 우리 대부분이 가지고 있는 당연하다고 여기는 정상적인 것들은 도덕과 관련이 없다. 악하다거나 선하다거나, 옳다거나 틀리다는 판단을 할 수 없는 것들이다. 단지 자라 오면서 늘 해 오던 방식으로 편안하고 익숙한 것들이다. 잘 알고 있기 때문에 질문할 필요가 없는 것들이다. 그리고 당신의 정상적인 것과 당신 아내의 정상적인 것이 서로 다르다는 것을 나는 자신 있게 말할 수 있다.

모든 사람은 무엇이 정상적인가에 대한 자신만의 '십계명'을 가지고 결혼생활에 들어간다고 한다. 그 계명은 배우자가 그 십계명을 어길 때에만 그 실체를 드러낸다. 그 전까지는 인식하지 못하고 산다.

우리 두 딸과 두 약혼자는 모두 마크와 수잔에게 결혼예비상담을 받았다. 줄리와 미씨 둘 다 똑같이 가장 도움이 되고 또 가장 힘들고 혼란스러웠던 것은 말할 필요도 없이 이런 '정상들'이라는 주제를 중심으로 상담했던 것이라고 말했다.

할아버지 세대로부터 시작해서 자신의 가족 구성을 도표로 그리는 가계도를 그려 보면서 마크와 수잔은 이런 '정상적인 것'의 패턴을 발견할 수 있는 정보를 알아낸다. 두 사람은 이런 질문을 던진다. "이런 가정에서 자란다면 정상적인 남편의 역할은 무엇일까요? 아내의 역할은? 부부의 모습은? 갈등은 어떻게 나타날까요? 영적인 삶은 어떤 수준일까요?"

자신의 가계도를 만들어 보자

다음의 가계도를 참조해서 당신과 아내가 자신의 가계도를 만들어 볼 수 있다.

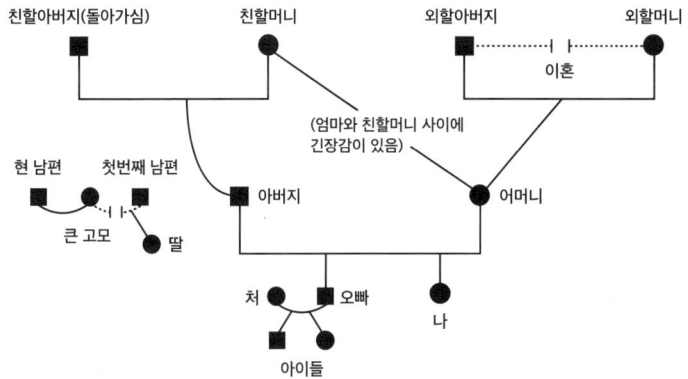

마크와 수잔은 예비부부와 가계도를 다 그리고 나면 자신의 가계도에 대해 간략하게 설명해 줄 것을 부탁한다. 이런 설명은 'IBM 사장', '전업주부', '군복무 중' 등과 같이 구체적인 사실을 말할 수도 있고, 또 '양육해 준 사람', '완고함', '멍청이'와 같이 일반적인 표현을 할 수도 있고 다양한 설명이 있을 수 있다. 이런 설명을 할 때는 머릿속에 제일 먼저 떠오르는 대로 대답하게 한다. 너무 깊이 생각하지 않는 것이 좋다. 정직하고 즉흥적인 대답이 그 사람이 가지고 있는 '정상적인 것'을 찾아내는 데 가장 좋은 단서를 제공한다.

이런 전반적인 대답을 듣고 나서 부모와 조부모에 대해 더 질문한다. 항상 세 가지 질문을 한다.

- 두 분의 부부관계는 어땠나요?
- 두 분은 의견이 다를 때 어떻게 하셨지요?
- 두 분의 신앙생활은 어떠셨어요?

4. 원(源)가정

마크와 수잔은 또 예비 신랑 신부에게 가족 중에서 모범이 될 만큼 훌륭한 결혼생활을 유지하는 사람이 있는지 물어본다. 그리고 가족 구성원들 가운데 갈등은 없는지 물어본다. 이런 정보를 가지고 마크와 수잔은 '정상적인 것 리포트'를 작성한다. 그것은 배우자가 자란 가정에서 '정상적'이라고 여기는 것들이 무엇인지 보여 준다. 이 리포트는 다음과 같은 다섯 가지 항목의 답을 제공한다.

1. 이런 가족 구조에서 자란 사람이 보는 정상적인 남편의 모습.
2. 이런 가족 구조에서 자란 사람이 보는 정상적인 아내의 모습.
3. 이런 가족 구조에서 자란 사람이 보는 정상적인 결혼생활.
4. 이런 가족 구조에서 자란 사람이 보는 갈등을 해결하는 방법.
5. 이런 가족 구조에서 자란 사람이 보는 부부들의 신앙생활.

마크와 수잔이 이런 설명을 해 주면 예비부부들의 반응이 놀랍다. 대부분의 커플들이 정말 심각하게 받아들인다. 눈을 번쩍 뜨고 '정상적인 것'에 대해 잘 준비하고 결혼에 임해야 할 필요성을 크게 인식하고 떠난다.

이것도 생각해 보자. 물론 전문 상담가와 함께 가계도를 분석하면 더 많은 것들을 얻겠지만, 혼자서 이런 방법을 적용해 보아도 좋은 효과를 볼 수 있다.

'정상'의 '십계명'의 실례

자신의 가계도를 그려 보고 '십계명'의 목록을 가정해 보는 것이 도움이 될 것이다. 시작하기 위해서 지금까지 우리가 살펴왔던 '계명들'을 참조하자. 이 중의 몇 가지나 당신의 '정상적인 것'에 포함되는가?

1. 결혼한 여자는 아기가 태어나면 직장을 그만두고 가정을 돌본다.
2. 성탄절 아침에는 늦게까지 실컷 자는 게 재미다.
3. 성에 대해서 공개적으로 말하면 안 된다.
4. 성탄절 아침에는 일찍 일어나서 온 가족이 멋지게 차려입고 함께 식사하는 게 재미다.
5. 사랑하는 부부는 절대 싸우면 안 된다.
6. 집에 고양이가 없으면 안 된다.
7. 어린아이처럼 굴면 절대 안 된다.
8. 운전은 항상 남자가 한다.
9. 정말 사랑하면 많은 논쟁을 하게 된다.
10. 휴가계획은 항상 남편이 짠다.
11. 아이는 최대 두 명만 갖는다.
12. 약속시간에 늦어도 귀엽게 봐 줄 수 있다.
13. 남자는 깊은 대화를 나누지 않는다. 남자답지 못하다.
14. 항상 제시간에 맞추어 가야 한다.

15. 섹스는 항상 남편이 주도한다.
16. 남편이 깊이 있는 대화를 해 주지 않으면 아내는 친구들과 자유롭게 대화할 수 있다.
17. 인생은 즐기는 것이다.
18. 자녀 수는 하나님께서 정하시는 것이다.
19. 찬장 문을 여닫는 것은 매우 귀찮은 일이므로 항상 열어 둔다.
20. 여자는 무엇을 샀는지 남편에게 숨긴다.
21. 남자는 집안일을 하지 않는다.
22. 술은 어떤 식으로든 악하다.
23. 화내는 것을 제외하고 남자는 자신의 감정을 드러내지 않는다.
24. 집안은 항상 깨끗이 정리되어 있어야 한다.
25. 자동차를 소중히 여기고 결코 더럽히면 안 된다.
26. 와인이 없으면 저녁식사가 아니다. 맥주 없이는 야구경기를 볼 수 없다.
27. 차는 교통수단일 뿐, 그 이상 아무것도 아니다.
28. 식사 기도는 햄버거 가게에서도 빼먹을 수 없다.
29. 신용카드는 남편만 쓴다.
30. 부탁하지 않아도 남편은 집안일을 돕는다.
31. 남자는 항상 여자에게 문을 열어 준다.
32. 샌드위치는 항상 하얀 식빵으로 만든다.

33. 책 정리는 여자가 한다.

34. 식사기도 때마다 감사기도를 할 필요는 없다. 하나님께서는 마음을 다 알고 계신다.

35. 조용히 앉아서 책을 읽는 것은 완전히 시간낭비다.

36. 여자가 남자보다 돈을 더 많이 벌면 안 된다.

37. 집에는 개가 있어야 한다. 특히 큰 개가 있어야 한다.

38. 남편이 같이 식사 준비를 도와야만 따뜻한 아침식사가 가능하다.

39. 아내를 사랑하는 남편은 아내의 몸매를 탓하지 않는다. 그렇지 않으면 조건적인 사랑이다.

40. 텔레비전에서 스포츠를 보는 것은 완전히 시간낭비다.

41. 부부간에 분위기를 부드럽고 따뜻하게 하는 것은 아내가 할 일이다.

42. 부모님들과 절대 상의하지 않는다.

43. 집 앞마당에 농구대가 있는 것은 기본이다.

44. 소리치는 것은 항상 나쁘다. 결코 소리를 높이거나 소리를 지르면 안 된다.

45. 아내는 남편의 직장을 따라 기꺼이 이사해야 한다.

46. 앞마당은 남편이 관리한다.

47. 부모님께 절대 돈을 빌리지 않는다.

48. 여자를 위해 문을 열어 주는 것은 남성우월주의적 발상이다.

49. 살이 찌는 것은 배우자를 더 이상 배려하지 않는다는 증거다.

50. 한번 결혼하면 죽을 때까지 같이 산다. 말할 필요도 없다.

이곳에 없는 자신만의 '정상적인 것들'이 있을 것이다. 그것들을 적어 보고 아내의 '정상적인 것들'도 적어 보자.

자신이 갖고 있는 불문율 인정하기

자기에게 있는 불문율, 자신만의 정상들을 더 많이 인식하면 할수록 더 많이 인정할 수 있다. 아내가 자신의 원칙대로 행동하지 않을 때 그것을 도덕적인 것으로 인식하고 아내를 비난하기보다는, 단지 자신이 자라 오는 동안 자연스럽게 몸에 익어 편안한 것일 뿐임을 인식할 수 있다.

상담자들이 '정상적인 것들'의 패턴을 직면하게 하면 내담자들은 자주 회의적으로 반응했다. "저희 가정에서는 그랬을지 모르지만 저는 거기에 영향을 받지 않았어요."라고 논박하는 식이다. 그러나 사실대로 말하자면, 절대적으로 영향을 받았다. 이런 패턴에 대해 다음과 같은 냉엄하고 두려운 사실을 고려해야 한다.

부부간에 새로운 문화가 만들어지기 전까지 이런 습관들은 밖으로 드러나지 않는다

늘 그래 왔던 생활 습관들은 본인들이 인식하지 못하는 것들이 많다. 부부가 결혼해서 새로운 생활습관을 만들어 가기 시작하면 서서히 드러난다.

결혼 전에 내가 타던 차는 핸들이 약간 오른쪽으로 쏠렸다. 지갑 사정보다 오른팔 힘이 더 셌기 때문에 나는 그럭저럭 그냥 운전하기로 했다. 그러다가 나중에는 그런 사실조차 잊고 지냈다. 결혼을 한 뒤에 아내가 차가 고장이 나서 내 차를 한번 사용한 적이 있었다. "당신 차를 타다가 도랑에 빠질 뻔했어요!" 아내가 집으로 돌아와서 소리를 쳤다. "죽을 수도 있었잖아요!" (생각해 보니, 아내에게 깜빡 잊고 있었다고 말하고 그리고 너무 호들갑 떤다고 놀렸던 것 같다.)

내 차가 오른쪽으로 쏠리는 것은 지극히 당연히 '정상'이었다. 안전한 차가 당연히 '정상'이었던 아내가 그 사실을 내게 인지시켜 주기 전까지 나는 내 차의 '정상'에 대해 전혀 생각하지 못하고 살아왔던 것이다.

몸에 밴 이런 습관은 부부가 스트레스를 받을 때 가장 잘 나타난다

많은 부부들이 신혼여행에서 돌아오면 정서적인 불안을 경험한다. 결혼식에 왔던 손님들께 감사카드를 쓰기도 전에 부부간에 대화가 없어지고 외로움, 우울증, 그리고 혼란을 경험하게 된다. 이런 스트레스 때문에 신랑 신부는 긴장을 풀고 자신의 자연스러운 습관들을 드러내기 시작한다.

어느 오후에 나는 교회 버스에 아이들을 가득 태우고 야외로 나가는 중이었다. 볼링, 미니골프 같은 야외활동을 하러 가던 참이었다. 그런데 교차로에서 갑자기 차가 달려오는 바람에 우리 버스가 급정거를 했다. 부바라는 한 남자아이가(진짜 이름이다) 통로에 그냥

서 있다가 바닥에 넘어지고 말았다. 그런데 넘어지면서 거의 경적 소리 같은 큰소리로 욕설이 입에서 튀어나왔다. 버스 안은 갑자기 조용해졌다. 부바는 위를 올려다보면서 겸연쩍게 웃으며 이렇게 말했다. "어디서 이런 말이 튀어나왔지?"

당신이나 나처럼 부바는 자신을 잘 통제하고 있는 순간에는 평소의 습관을 감출 수 있다. 그러나 스트레스를 받는 순간 평소와 다른 습관들이 드러난다. 그 아이는 그 말이 '어디서 튀어나왔는지' 모른다고 했지만 짐작이 가는 일이다.

가계도를 읽는 것은 마치 엑스레이 사진을 읽는 것과 같다—그것이 사실이다

마크는 상담하는 부부들에게 가계도를 해석해 주면서 가끔 이런 표현을 쓴다. "자 당신의 엑스레이 사진을 한번 읽어봅시다." 엑스레이 사진처럼 가계도는 밖으로 드러나지 않는 문제들을 보여 준다.

내 친한 친구 하나가 정기 건강검진을 받았다. 혈액 검사에서 암이 있을 수 있다는 결과가 나왔다. 정밀검사를 통해 백혈병이라는 정확한 진단이 나왔다. 그 말을 듣고 나는 무슨 증상이나 고통이나 불편한 것을 느끼지 못했느냐고 물었다.

"아니, 전혀 아무 증상도 없었어."

그렇지만 그 친구는 검사 결과를 신뢰했고 병을 치료하기 위해 필요한 치료들을 받기 시작했다. 증상이 없다고 방심하면 안 된다.

벗어나기 위해 노력해 보면 자신의 몸에 밴 습관이 무엇인지 알 수 있다

우리가 자라면서 배운 가족 규칙의 '정상적인 것들'을 반복하는 데서 벗어날 수 없는 운명은 아니지만, 몸에 익은 습관을 벗어버리려 애써 보면 정말 힘든 일이라는 것을 알 수 있다.

마크가 이런 이야기를 해 주었다. 자신이 자란 가정에서 남자들은 엄격하고 진지한 경향이 있었다. 자기도 그렇게 '정상적'이라는 것을 인식하면서 마크는 달라지기로 결심했다. '무슨 수를 써서라도' 유쾌해지리라! 결혼 후 수년간 유쾌한 사람이 되고 주위 사람을 즐겁게 만들기 위해 노력했다. 그는 자기 가족의 규칙에서 완전히 벗어났다고 선언할 수 있을 거라고 생각했지만, 아직 그 영향력에서 벗어나지 못했다는 것을 알게 되었다.

싸우게 되는 진짜 이유는 거의 다루지 않는다

당신은 아마 부부의 갈등이 돈이나 성이나 친척관계나 스케줄이나 다른 일반적인 문제들 때문에 일어난다고 생각할 것이다. 그러나 실제로 갈등을 일으키는, 특히 파괴적인 싸움을 일으키는 것은 그런 문제를 일어나게 한 근본 원인에 있다. 싸움은 흔히 서로의 '정상적인 것'이 부딪치면서 발생한다.

결혼 초기에 자신이 자란 가정의 '정상적인 것'을 확실하게 파악하면 불이 폭탄으로 번지지 않게 막을 수 있다. 이 말이 재난을 막아 줄 수 있다. "그런데 이런 말을 하는 이유는 우리 집에서는 그런 식

으로 하지 않았기 때문이에요. 당신이 한 것이 나쁘다는 말이 아니라, 단지 익숙하지 않을 뿐이에요."

이 말이 금방이라도 벌어질 전쟁을 막아 준다는 사실을 알고 있는가?

주의하는 것이 무심한 것보다 낫다

가계도를 해석하는 일의 매력은 문제가 일어날 수 있는 곳을 미리 파악할 수 있다는 점이다. 물 아래 급류가 갈등이 일어날 수 있는 아주 파괴적인 방향으로 흐르는 위험한 곳을 찾아내는 것이다. 래프팅을 잘 지도하는 가이드라면 분명 물이 잔잔하게 흐르는 곳에 대해 길게 설명하지 않고, 그보다는 위험한 지역에 대해 자세히 주의 깊게 설명할 것이다.

이런 '정상적인 것들'의 패턴을 분명하게 밝히려는 목적은 부부가 가장 많이 부딪칠 수 있는 곳을 대비하게 하려는 것이다. 잘 준비되어 있으면 위험은 모험으로 바뀐다.

이런 말을 들어야 할 것이다. "이런 일이 일어'날 수도' 있어요." 혹은 "이런 문제를 해결해야 '할지도' 몰라요."라는 말이다. 많은 경우 잠재된 문제가 다 드러나게 되지는 않는다. 부부에게는 놀랍고도 기쁜 일이다. 그래도 준비 없이 넋 놓고 있는 것보다 미리 예비하고 있는 것이 좋다. 경고를 잘 받아서 문제가 일어나지 않는 것이 그저 잠잠히 흐르는 강물이 멋있다고 생각하는 것보다 훨씬 낫다. 더욱이 급류를 만났을 때 놀라 기겁하는 것보다 훨씬 낫다.

그냥 있지 말고 노력하자

1986년에 개인사업을 시작했을 때 동업자와 나는 미카엘 거버가 쓴 『사업의 철학』[원제는 The E-Myth—역주]이라는 책을 읽게 되었다. 책에는 정말 좋은 조언이 있었는데, 그중 가장 도움이 되는 충고는 그저 열심히 사업만 하지는 말라는 것이었다. 마케팅에 대한 압박과 월급을 주어야 하는 부담감 때문에 진정으로 사업을 생각하며 연구해야 할 시간을 빼앗기지 말라는 것이다.

이 말은 동업자 마이크 하야트와 내가 가끔씩 함께 앉아서 사업이 어떻게 되어 가는지 냉엄한 질문을 해야 한다는 뜻이었다. '생산적인 일주일'이나 '성공적인 한 달'로 만족할 수 없었다. 우리가 결정하고 활동하는 것들이 우리가 처음 가졌던 전망과 같은 방향으로 가고 있는지 확실하게 살펴야 했다. 우리는 그저 매일의 일과에 매이지 않고 사업에 관해 서로 이야기를 나눌 수 있도록 강제로 시간을 내서 만나야 했다.

그런 대화는 어떤 자리에 사람을 더 채용할지 아니면 우리가 두 몫의 일을 계속해야 할지 의견이 서로 다른 데서 시작하기도 한다. 누군가 이렇게 물을 것이다. "그냥 잘되는 대로 놔 두면 안 되나요? 그냥 자는 개는 그냥 자게 두면 되잖아요?"

결혼도 마찬가지다. 매일 할 일도 많고 늘 바쁘다. 그렇지만 우리가 좋은 결혼생활을 만들기 위해 노력할 것인가, 아니면 그저 있는 대로 살아갈 것인가?

마크와 나는 수천 쌍의 부부를 만나 왔다. 대부분의 부부들이 강물을 타고 내려간다. 많은 부부들이 래프팅을 즐긴다. 그러나 당신 부부는 그저 무사히 마치기만을 바라는 것이 아니라, 멋지게 타며 즐기고 싶을 것이다. 아주 멋진 결혼생활을 원할 것이다. 괜찮은 결혼생활과 엄청난 결혼생활의 차이점은 이것 단 하나다. 사람들은 모두 결혼생활을 '해 나간다'. 그러나 몇몇만이 결혼생활을 '만들어 간다'. 당신의 결혼생활도 훌륭한 결혼생활 중 하나가 될 수 있다.

자, 신나게 한번 래프팅을 즐겨 보자!

5장

역할

당신이 높은 자리에 앉으려고 할 때

> 결혼생활에 성공하려면 승복하려는 마음과
> 끊임없는 순종과 적극적으로 순응하려는 정중한 마음이
> 부부관계 속에 스며들고 배어 있어야 한다.
> 마이크 메이슨, 『결혼의 신비』

나는 팀 스포츠를 아주 좋아한다. 모든 선수가 맡은 역할이 있다. 각자가 자기 역할을 잘 해내면 승리할 가능성이 매우 높아진다. 미식축구의 수비수가 공을 가지고 달리거나 지휘하는 선수가 공을 중간에서 가로챌 수 있는 기회는 거의 없다. 이들은 위치가 각각 정해져 있고, 위치에 해당하는 역할이 주어져 있고, 바로 그 맡은 역할을 잘 감당해야 하는 것이다. 하키, 농구, 축구, 야구 모두 마찬가지다.

그러나 결혼은 팀 스포츠가 아니다. 오늘 당신이 할 일이 내일 아내가 할 일이 될 수 있다. 내일 아내가 할 일이 다음 날 다시 남편이 할 일이 될 수 있다. 우리가 자란 가정에서 부모님이나 할아버지 세대는 남녀의 역할이 거의 고정된 것이 '정상'이었다. 당신에게는 이것이 잘 적응되지 않을 것이다.

50년쯤 전에는 직장에서 집으로 돌아오면 아내가 저녁을 준비할 때까지 앉아서 기다리고 있으면 됐다. 그러나 지금은 집에 와도 가스렌지 위에서 저녁식사가 준비되고 있지 않다(아내는 아직 직장에서 돌아오지 않은 것이다). 이제 냉장고로 간다. 정말 재주가 있는 사람이라면 요리책을 펴고 두 사람분의 식사를 준비하고 있을 것이다.

빨래통 옆을 지나면서 저절로 빨래가 다 되어 옷장 속에 들어가 있기를 바라며 모른 척 지나갈 수도 없다. 그럴 수 없다. 흰옷과 색깔옷을 구별해서 세탁기 안에 던져 넣고 세제도 넣어야 한다.

결혼은 풋볼이나 하키, 농구, 축구가 아니다. 오히려 결혼은 두 사람이 한 배를 타고 항해하는 것과 같다. 목적은 이곳에서 저곳으로 가는 것이다. 그리고 해야 할 일이 닥치면 시간이 있는 사람이 그 일을 하는 것이다. "이봐, 물을 퍼내는 건 내 일이 아니라고, 나는 키를 잡고 배를 운행하는 사람이란 말이야!" 이런 일이 가능하겠는가?

아내들이 바라는 남편의 역할 세 가지

결혼생활에서 남편의 역할이 무엇이고 아내의 역할이 무엇인지 가리는 것보다, 남편의 진정한 역할이 더 중요하고 더 전략적이어야 한다. 이 남편의 역할이란 그저 감당해야 할 집안일을 말하는 것이 아니라, 남편은 어떤 사람인가에 관한 문제다.

남편은 리더다

이 말을 들으면 어깨가 으쓱해질 것이다. "당신은 리더입니다."

'리더라고?' 하며 당신은 이렇게 생각할 것이다. '이제야 내가 이 집에서 마땅히 누려야 할 위치에 대해 말씀하시는군요!'

내가 여기에서 말하고 있는 리더십은 지금껏 당신이 익숙하게 보아 왔던 그런 리더십이 아니다. 전혀 새로운 리더십이다. 왜일까? 왜냐하면 위협하고 힘을 가하고 통제하고 조정하는 경기는 결혼생활에서는 완전히 무용지물이기 때문이다. 리더라는 자리를 근거로 단순히 요구만 하는 리더는 정말 형편없는 리더다.

처음 남편의 리더십을 볼 수 있었던 것은 아마 아버지의 모습에서였을 것이다. 만약 아버지께서 훌륭한 모범을 보여 주셨다면 정말 큰 축복이다. 아버지께서 남기신 발자국만 그대로 따라가면 되니 그렇다. 그러나 그렇지 못했다면 다른 곳에서 모범을 찾아야 할 것이다.

아버지 세대의 남편의 모습으로, 워드 클리버가 아내 준에게 말할 때와 같이 목소리가 마시멜로가 바닥에 떨어지는 소리보다 결코 더 큰 법이 없는 정말 좋은 모습이 있는가 하면, 아치 벙커처럼 아내 에디스에게 말할 때 '항상' 소리치고 비난과 경멸하는 태도로 말하는 남편의 모습도 있었다. [미국 텔레비전 시트콤의 등장인물들이다—역주]

최근에 그려지는 남편들의 모습으로는 앨 번디와 호머 심슨이 있는데, 이들의 '리더십'은 자기 자신 외에는 아무도 인정하지 않는다. 힘을 부릴 수 있는 혼자만의 환상의 섬에 살고 있다. 아내 패기 번디와 마지 심슨 그리고 다른 가족 구성원들에게 이 아빠들은 실패자다. 항상 비웃음과 농담의 대상이다. 또 레이몬드 바론이 있다. 그는 가족을 사랑하고 효과적으로 지도하는 것보다는 자기 자신의 편안함과

즐거움에 더 관심이 많다. [미국 드라마와 애니메이션의 등장인물들이다—역주]

그렇지만 여기 다른 모범들도 있다. 예를 들면 예수 그리스도와 같은 모범 말이다. 사도 바울은 영원히 진리인 이런 글을 썼다.

> 아무 일에든지 갈등이나 허영으로 하지 말고 오직 겸손한 마음으로 각각 자기보다 남을 낮게 여기고 각각 자기 일을 돌볼뿐더러 또한 각각 다른 사람들의 일을 돌보아 나의 기쁨을 충만하게 하라 너희 안에 이 마음을 품으라 곧 그리스도 예수의 마음이니 그는 근본 하나님의 본체시나 하나님과 동등됨을 취할 것으로 여기지 아니하시고 오히려 자기를 비워 종의 형체를 가지사 사람들과 같이 되셨고 사람의 모양으로 나타나사 자기를 낮추시고 죽기까지 복종하셨으니 곧 십자가에 죽으심이라
>
> (빌립보서 2장 3~8절)

예수님께서는 하나님이시다. 또 이 지구상에 거했던 그 어떤 사람보다 강한 힘을 가지고 계신다. 그런 예수님께서 아내에게 행할 리더십의 가장 완벽한 본보기를 보여 주셨고, 또 그렇게 하라고 명령도 내리셨다.

> 예수께서 제자들을 불러다가 이르시되 이방인의 집권자들이 그들을 임의로 주관하고 그 고관들이 그들에게 권세를 부리는 줄을 너희가 알거니와 너희 중에는 그렇지 않아야 하나니 너희

중에 누구든지 크고자 하는 자는 너희를 섬기는 자가 되고 너희 중에 누구든지 으뜸이 되고자 하는 자는 너희의 종이 되어야 하리라 인자가 온 것은 섬김을 받으려 함이 아니라 도리어 섬기려 하고 자기 목숨을 많은 사람의 대속물로 주려 함이니라 (마태복음 20장 25~28절)

종의 자세는 부부관계에서 리더십의 핵심이다. 아내에게 복종하라고 요구하는 남편은 리더십의 핵심을 전혀 알지 못하는 사람이다. 만화에 나오는 발을 쾅쾅 구르면서 성을 돌아다니며 소리 지르는 왕 같다. "여기서는 내가 왕이야. 내가 왕이라구!" 이렇게 행동하는 남자는 단지 자신의 불안감을 드러내는 것뿐이다. 이렇게 화내면서 명령하지 않으면 아무도 자기 말을 듣지 않을까 봐 두려워하는 것뿐이다.

"너희 중에는 그렇지 않아야 하나니" 예수님께서 말씀하셨다.

남편이 해야 할 가장 중요한 역할은 예수님께서 제자들을 사랑하셨듯이 아내를 사랑하는 일이다. 예수님께서 제자들을 어떻게 사랑하셨던가? 바로 섬김으로 하셨다. 자신을 희생하심으로 하셨다. 리더의 권리를 포기함으로 하셨다. 죽으심으로 하셨다. 하나님께서 이렇게 말씀하신다. "남편들아 아내 사랑하기를 그리스도께서 교회를 사랑하시고 그 교회를 위하여 자신을 주심 같이 하라"(에베소서 5장 25절).[14]

부부관계 속에서 남편의 이런 리더십은 다음과 같은 경우에 나타날 수 있다.

아내와 함께 저녁 식사를 하러 가는 중이다. 아내에게 아직 말하진 않았지만 지금 그녀가 좋아하는 멕시코 음식점으로 향하고 있다. 하루 종일 치즈 엔칠라다가 머리에서 맴돌았기 때문이다. 그리고 그 식당이 그 요리를 제일 잘한다. 아내를 향해 묻는다. 원하는 대답을 기대하며, "오늘 저녁에 뭘 먹을까?" 한다.

"우습지만," 아내가 말한다. "아침식사 때부터 이탈리아 음식이 너무 먹고 싶더라구요."

자, 어디로 갈 것인가?

차고에서 막 걸어 나오고 있는데 아내가 잔소리를 한다. 물론 차고가 더럽다고 말한 것이 이번이 처음은 아니다. 아내 말이 맞다. 정말 엉망이다. 그렇지만 그 말을 듣고 먼저 떠오르는 것은 부엌 싱크대와 화장실 선반의 모습이다.

뭐라고 말하겠는가?

말 그대로 리더가 된다는 것은 앞선다는 말이다. 아내에게 사랑을 표현하는 데 앞서고, 먼저 섬기고, 먼저 용서하고, 먼저 자신의 편리를 포기하는 것이다(군대에서 장교들이 가장 먼저 일어나고 가장 늦게 눕는다는 것을 생각해 보자).

CLC(Christian Leadership Concepts)에서 진행하는 남자들을 위한 성경공부가 날마다 인기를 더하고 있다. 내슈빌의 사업가인 할 해던이 창설한 이 단체에서 하는 2년 과정의 성경공부는, 가정에서 영적 지도자로서의 남편의 역할에 대해 잘 설명하고 있다. 남편들이 이 과정을 공부하면 아내들이 무척 좋아한다. 왜 좋아할까? 집에 돌아와서 프로그램을 어떻게 적용할지 말해 주기 때문에? 물론 아니다. 그건 바로 남편들이 예수님처럼 헌신적이고 적극적으로 아내들을 사랑하기 시작하기 때문이다.

마이크 하야트와 내가 윌게머스&하야트 출판사의 동업계약서를 작성할 때, 변호사의 강력한 권고에 따라 우리는 회사지분을 50 대 50이 아니라 51 대 49로 정하기로 했다. 내가 나이가 조금 더 많고 출판 경험도 조금 더 많았기 때문에 마이크는 나보고 큰 지분을 가지라고 했다. 나도 동의했다. 그렇지만 나는 바로 그 순간—결코 잊지 않을 것이다—49퍼센트 지분을 가진 동업자 위에 51퍼센트 지분을 가진 내가 군림하지 않을 것을 조용히 결심했다. 사업을 하면서 더 귀찮고 힘든 일을 내가 하면서 마이크가 자신의 재능과 기술을 더 발전시켜 가도록 도울 것이다. 마이크에게 내가 그런 결심을 했다고 말하지는 않았다. 그러나 마이크의 성공이 곧 나의 성공인 것이다.

당신이 리더다. 결혼생활의 51퍼센트 지분을 가진 '소유주'다. 그것이 남편의 역할이다. 아내도 그렇게 하라고 할 것이다. 이제 가장 중요한 임무가 무엇인지 분명하지 않은가!

남편은 전사다

내가 어렸을 때 우리 부모님들은 "장난감 총은 절대 안 된다."라는 원칙을 강하게 지키셨다. 우리 형제들은 허리춤에 장난감 총을 절대 차 볼 수 없었다. 그렇지만 부모님들이 모르시는 게 있었다. 손에 잡히는 건 무엇이든 총이 될 수 있었던 것이다. 바나나, 막대기, 연필, 전화기, 스파게티 가락, 잠자는 고양이, 어린 동생, 손가락, 인형……. 무슨 말인지 알 것이다.

공격성은 모든 남자들에게 내재되어 있는 지울 수 없는 특성이다. 우리는 정복하는 것을 좋아한다. 이런 전투에 대한 욕망은 여러 가지 형태로 나타난다. 법정에서 상대방을 이기거나, 테니스 대회에서 우승하거나, 혹은 연구실에서 병을 싸워 이길 연구를 해내는 것과 같이 생산적인 방법으로 승리를 맛볼 수 있다. 그러나 건강한 방법으로 전투에 대한 욕망을 발산하지 못하는 사람들은 대개 잘못된 싸움을 하게 된다.

잘못된 전투 대상

- 킴벌리는 상담실로 걸어 들어왔다. 자신이 얼마나 외롭고 좌절해 있는지 이야기를 쏟아 놓기 시작했다. 결혼한 지 몇 달 되지 않았지만, 남편 리안은 하루에 두세 시간씩 체육관에서 보내면서 결혼생활을 위해서는 조금도 시간을 내지 않는다고 했다.

- 윌은 골프를 위해 일주일에 15시간을 쓰고 수천 달러를 골프 게임에 투자하는 것 외에는 아무것도 생각하지 않는다. 베티

는 일주일에 한 번씩 주말에 함께 식사하고 영화를 보며 데이트하는 것이 어렵다는 남편 말에 매우 화가 났다.

- 미치는 아내 신디와 함께 있기보다는 교회에서 자원봉사를 하는 것을 더 좋아한다. 사실 결혼기념일에 아내에게 아침을 대접하지는 않고 교회 기도모임에서 아침식사 팬케이크를 굽는다.

이 전사들은 엉뚱한 곳에서 전투를 치르고 있다. 비록 자신의 행동으로 결혼을 파괴하려 의도하지는 않았지만, 바로 그렇게 되고 있다. 킴벌리와 베티와 신디는 자기 남편들이 약속을 지킬 수 있을 만큼 강하고, 결혼을 위협하는 나쁜 습관과 태도들과 맞서 싸울 수 있을 만큼 용감하기를 바란다.

우리는 결혼생활을 위험하게 하는 위협 앞에서 힘없이 물러서는 강한 남자들의 긴 대열에 함께 끼여 있다. 그것은 저 멀리 아담까지 거슬러 올라가는 전통이다. 창세기 1장을 공부하다 보면 유혹에 넘어가서 금단의 열매를 먹은 것은 하와가 아니냐고 빈정거리는 사람도 가끔 있다. 그렇지만 자세히 살펴보면 그렇지 않다는 것을 알 수 있다. 사탄이 하와를 유혹하고 있을 때 아담은 어디에 있었나? 아마 바로 옆에 있었을 것이다. 하와가 사탄의 거짓말에 속고 있을 때 무엇을 했나? 아무것도 하지 않았다. 소극적인 남자의 전형적인 모습이다. 아담은 아내를 위해 싸울 수 있었고 둘 다 잘못인 줄 알고 있었기 때문에 저항할 수도 있었지만, 아담의 입은 돌처럼 굳어 있었다.

우리는 더 잘할 수 있다. 아내가 높은 성에 갇혀서 구조되기만을 바라고 있는 공주는 아니겠지만, 여전히 아내를 위해 싸워 이겨야 할 전투가 있다. 이런 투쟁은 배에 '왕' 자를 새기는 것이나, 골프채를 꺼내 드는 것이나, 교회 모임에서 아침식사를 대접하는 것보다 훨씬 어렵고 힘든 일이다. 그러나 또한 훨씬 더 보람 있고 큰 보상이 있는 일이다.

남편은 애인이다

센트럴 플로리다에 살면 영어 외에 다른 언어를 쓰는 사람들을 자주 만난다. 대부분 스페인어다. 서로 자신의 의사를 전달하기가 만만치 않다.

아내와 대화하다 보면 가끔 오해가 생긴다. 마치 서로 다른 지방 언어를 쓰는 것 같을 때도 있다. 우리는 서로의 '사랑의 언어'[15]를 이해하기 위해 노력해야 할 필요가 있다. 나는 아내에게 사랑을 표현하는 가장 좋은 방법이 선물과 여행, 그리고 실컷 쇼핑하는 일이라고 생각했다. 그런데 아내는 전혀 그렇지 않았다. 아내는 시간과 부드러움과 집중적인 관심에서, 내가 두 사람이 함께하는 '해상탐험'의 불가결한 부분이 되겠다고 결심할 때 가장 사랑을 느낀다고 했다.

베스트셀러 『거울 속의 남자(The Man in the Mirror)』의 작가 패트릭 몰리는 자기 아내의 사랑의 언어를 열심히 배웠던 일을 이야기했다. 어느 날 저녁 식사를 끝내고 혼자 신문을 펼쳐 읽지 않고, 아내 패시의 '특수 언어'를 사용했다. 아내에게 맛있는 저녁을 해 주어서 고맙다고 말하고, 일어서서 식탁을 치우기 시작한 것이다. 남은 음식을 냉장고에 넣고, 부엌일이 다 끝날 때까지 자리를 뜨지 않았다. 생색내지 않으면서 그저 아내 곁에서 아내가 일을 마칠 때까지 이야기를 계속했다.

다음날 저녁도 그렇게 했다. 여전히 생색내지 않으면서 그랬다. 두 주일 동안 계속 그렇게 했다. 그런 상황에 대해 아무도 말하지 않았지만, 어느 날 아침 패트릭이 면도를 하기 위해 화장실로 들어가 보니 거울에 노란 포스트잇이 붙어 있었다. "여보, 가장 친한 친구가 되어 주어 고마워요. 사랑해요. 패시가." 패트릭은 부엌일을 도우면서 아내의 언어로 이야기하는 법을 배웠다.

몇 년 전부터 아내 바비는 내가 해 주는 일에 대해 고맙다는 표현을 하기 시작했다. "정말 좋았어요." 아내는 미소를 지으며 말한다. 나는 아내의 이런 응답을 듣고 아내를 사랑하는 일에 상당히 재미있는 점이 있다는 것을 깨달았다. 그건 바로 내가 생각하는 점수와 아내가 매기는 점수가 상당히 다르다는 것이었다.

남자로서 나는 다음과 같이 점수를 계산하고 있었다.

- 쓰레기 버리기—5점
- 아침에 커피 마시며 이야기하기—6점
- 저녁식사와 영화—50점
- 생일이나 결혼기념일 꽃다발—125점

- 유럽 여행—2,000점
- 보석—1달러당 1점

바비는 물론 이 모든 것들을 좋아하고 고마워했다. 그렇지만 바비의 계산법은 이랬다.

- 쓰레기 버리기—1점
- 아침에 커피 마시며 대화하기—1점
- 저녁식사와 영화—1점
- 생일이나 결혼기념일 꽃다발—1점
- 유럽 여행—1점
- 보석—금액에 관계없이 1점

얼마 전에 나는 어렵게 이런 계산법을 배운 한 남편의 이야기를 들었다. 어느 날 아침 그는 다른 날보다 일찍 집을 나섰다. 아내는 왜 보통 때처럼 커피를 마시지 않고 나가는지 물었다. 남편은 전날 밤에 마쳤어야 하는 프로젝트가 있는데 9시에 있을 중요한 미팅 전에 끝내야 한다고 말했다.

"그렇지만 우리는 늘 하루를 같이 시작했잖아요." 아내가 말했다.

"여보." 남편이 말한다. "곧 주말에 멋진 여행을 갈 텐데, 그때 만회하면 되잖아요."

남편은 6주 후에 비싼 호텔에서 멋지게 주말을 보내는 것이 아침에 함께 대화하지 못한 것을 보상해 주리라 생각했다. 그렇지만 잘못 계산한 것이었다.

사실은 이랬다.

- 멋진 해변 리조트에서 주말 여행—1점
- 출근 전 15분간 아내와의 대화—1점

언어를 유창하게 구사하려면

10년의 결혼생활 동안 세 자녀를 둔 베스트셀러 작가 존 오트버그는 자신이 아내 낸시의 사랑의 언어를 어떻게 알게 되었는지를 이야기해 준다. 그는 잠자리에 들기 전에 아이들을 씻기는 일을 자신이 맡아 했다. 그 일로 피곤한 아이 엄마를 편안하게 해 줄 뿐 아니라, 목욕통에 엎드려 아이를 씻기는 멋진 남편의 모습을 보여 줬다.

존은 크게 웃으며 말한다. "우리 동네에서 우리 아이들이 가장 깨끗할 걸요."

당신이나 내가 정말 멋진 애인이 되려면, 큰 것이든 작은 것이든 아내가 이해하는 사랑의 언어로 표현할 수 있어야 할 것이다. 그리고 아내가 점수를 내는 기준을 알아야 제대로 점수를 낼 수 있을 것이다.

성적인 매력을 지닌다는 것은 아내를 만족시키는 일의 아주 작은 부분이다. 아내가 정말 자기를 사랑해 주는 사람과 결혼했다고 믿게 되려면 당신이 아내를 알아야 한다.[16] 아내만의 독특한 언어를 이해하고 유창하게 구사할 수 있어야 한다. 하나님의 형상대로 창조된 당신의 아내는—하나님처럼—자신을 찾아 주고, 자신을 즐거워해 주고, 자신을 추구하기 원한다. 자신이 남편의 마음을 사로잡고, 소중히 여겨지고, 선택되었다는 것을 알기 원한다. 단지 자신이 그저 진취적이거나, 믿을 만하거나, 열심히 일하기 때문에 선택된 것이 아님을 알기 원한다. 그리고 아내는 당신에게 유일하고 독점적으로 자신을 이렇게 보아 주기를 기대한다.

항해자여, 당신도 할 수 있다!

6장
대화
말로 하는 전희

> 이혼을 예방하는 생생한 부부관계의 열쇠는
> 부부가 싸울 때 어떻게 하느냐에 달려 있지 않다.
> 오히려 싸우지 않을 때 어떻게 지내느냐에 달려 있다.
> 긍정적인 면에서 어느 정도 안정된 부부가 평소 점수가 낮은 부부보다
> 부부싸움의 해로운 부정적인 요소에 훨씬 영향을 덜 받는다.
> 존 고트만, 『결혼을 행복하게 하는 7가지 원칙』

점심 식사 후 알렌 레인지는 경비행기를 타고 짧게 비행을 해 볼 생각으로 공항으로 향했다. 세스나 182호에 다가가서 고정대를 풀고 비행기를 조심스럽게 살폈다. 알렌은 아직 18살밖에 되지 않았지만 안전에 대해서는 누구보다 철저했다.

모든 것이 정상이었고 연료도 가득 차 있었다. 알렌은 조종석으로 올라가 안전벨트를 매고 헤드폰을 머리에 쓰고 시동을 걸었다. "점화"라고 속삭이며 키를 돌렸다.

3분이 되기도 전에 관제탑은 알렌 레인지의 이륙을 허가했다. 비행기는 점점 속도를 내다가 드디어 활주로에서 떠올랐다. 정말 비행하기에 좋은 날씨였다. 그런데 비행을 시작한 지 10분이 채 되기도 전에 비행기에서 펑 하는 소리가 났다. 앞쪽의 계기판에서 나는 소리

였다. 계기판 뒤에서 연기가 솟아나더니 무릎 위까지 올라왔다. 본능적으로 알렌은 창문을 깨서 연기를 빼고 비행기를 떠나온 공항을 향하여 돌렸다.

알렌은 무전기에 손을 뻗어 관제탑을 불렀다. "세스나 5J644, 잭슨 관제탑 나오세요. 여보세요. 잭슨 관제탑. 여기 불이 났어요. 관제탑 나오세요."

대답이 없었다.

알렌은 무전기의 주파수를 바꾸어 보았다. 거친 바람에 비행기가 왼쪽으로 쏠렸다. 알렌은 그것을 만회하기 위해 오른쪽으로 비행기를 당겼다. 전기장치의 재료 타는 독한 냄새가 조종실을 가득 메웠다.

알렌은 주파수를 다시 바꾸어 보았다. "세스나 5J644, 잭슨 관제탑 나오세요. 잭슨 관제탑. 여기는 세스나 5J644. 이것 봐요. 잭슨 관제탑! 제 비행기에 불이 났다구요, 제발 응답하세요, 잭슨 관제탑!"

알렌은 길을 잃었다. 연기 때문에 계기판이 잘 보이지 않았다. 무엇보다 관제탑에서 아무런 응답이 없었다. 맞는 주파수를 찾기 위해 애를 썼지만 아무 소용이 없었다.

"응답하세요!" 알렌은 크게 소리만 질렀다. 답 없는 무전기만 바라보며 "응답하란 말이야!" 하고 그는 계속 소리쳤다. "나는 여기서 죽어 가고 있다구요!"

우리 얘기 좀 할 수 있어요?

이 장에서는 대화에 대해 이야기할 것이다. 그런데 더 나가기 전에 우리는 고백할 것이 몇 가지 있다. 먼저, 아마 나나 당신이나 대화에는 별로 능숙하지 않을 것이다. 사실은 아주 형편없다. 둘째, 당신 아내가 지극히 정상적인 사람이라고 해도, 가끔씩 600미터 상공에 있는 알렌 레인지처럼 느낀다는 것이다. 아내는 침묵 속에서 절망하며 죽어 가고 있다.

얼마 전에 우연히 아래와 같은 단순한 '예/아니오' 퀴즈를 알게 되었다.[17] 아내들을 위한 질문인데, 아내에게 묻기 전에 아내가 어떤 대답을 할지 먼저 짐작해 보자.

1. 남편의 기분은 말미잘보다 더 이해하기 힘들다. 예/아니오
2. 남편에게는 일, 운동, 차, 뒷마당, 교회 그리고 나의 순으로 중요하다. 예/아니오
3. 남편은 우리의 결혼생활에 대해 대화하느니, 머리를 깎고 중이 될 것이다. 예/아니오
4. 남편은 상담하러 가느니, 차라리 뾰족한 연필로 머리를 찌를 것이다. 예/아니오
5. 나는 결혼생활 중에 가끔 외로움을 느낀다. 예/아니오
6. 나는 결혼생활 중 거의 대부분 외로움을 느낀다. 예/아니오
7. 결혼하고 나서 얼마나 외로웠는지 말로 다 할 수 없다. 예/아니오
8. 남편이 몇 가지 고쳤으면 하는 점이 있다. 예/아니오
9. 남편은 정말 훌륭한 사람이고 나도 그를 사랑한다. 그렇지

만 남편과 내가 같은 편이 아닌 것 같아 정말 좌절된다. 예/아니오

10. 나는 결혼생활을 개선할 수 있다면 무엇이라도 하겠다. 예/아니오

위의 리스트를 다시 한번 살펴보자. 아내가 하나 이상 '예'에 체크했을까? 두 개 이상? 과연 몇 개나 그렇다고 대답했을까?

도주

스캇과 모니카는 대학에서 만나 사랑에 빠졌다. 스캇은 생각이 깊고 신중한 사람으로, 말하자면 말조심맨이다. '잡담은 필요없다'는 것이 스캇의 DNA에 알알이 박힌 신조. 반면 모니카는 아름답고 따뜻하고 활기찬 외향성의 사람이다. 그리고 말이 많은 편이다. 스캇은 모니카의 이런 모습을 다 사랑한다. 모니카도 친구들에게 스캇이 굳세고 과묵한 사람이라고 자랑한다. 자기 자신이 누구인지, 어디를 향해 가고 있는지 확실히 알고 있는 사람이라는 것이다.

그렇지만 결혼하고 나서 두 사람의 이런 성격이 부딪치는 데는 시간이 오래 걸리지 않았다. 사실 모니카는 신혼여행 때부터 '밑으로 가라앉는 기분'을 느끼기 시작했다. 스캇이 아무 감정 없이 두세 마디로 대답하는 것이 묘한 외로움을 느끼게 했다.

25년 후 어느 목요일 저녁에 나는 스캇에게 안부전화를 걸었다. 스캇과 나는 일리노이주의 도시에서 젊었을 때부터 함께 자란 이웃

이었다. 우리의 우정은 평생을 갈 것이고, 나는 스캇를 친형제처럼 아끼고 있다. 그리고 바비와 모니카도 매우 친한 친구가 되었다. 그렇기 때문에 그의 말을 듣고 얼마나 마음이 아팠는지 모른다.

"오늘 모니카가 내 곁을 떠날 것 같아." 스캇은 덤덤하게 말했다. "앤드류(네 자녀 중 막내)가 월요일에 고등학교를 졸업했어. 그리고 화요일에 축하파티를 했거든. 그리고 오늘 모니카가 집을 나갈 것 같아."

스캇의 예상은 정확하게 맞았다. 그날 저녁에 일을 마치고 집으로 돌아오자 차고가 비어 있었고, 부엌 식탁 위에 메모가 놓여 있었다.

2년 전에 모니카는 학교의 30회 동창회를 갔다가 옛날에 첫사랑이었던 브렌트를 다시 만나게 되었는데, 여러 친구들과 함께 밤늦게까지 이야기를 나누었다. 스캇은 동창회에 나가지 않았다. 전혀 모르는 아내 친구들과 어울려 밤을 보내야 한다는 게 내키지 않았기 때문이다. 그날 저녁 모니카와 브렌트는 전화번호와 이메일 주소를 나누었다.

그리고 거의 정확히 24개월이 지난 목요일에 모니카는 자기 자동차에 실을 수 있을 만큼 짐을 꾸리고, 자기 개도 데리고, 5백 마일 떨어진 곳에 있는 브렌트에게 가 버렸다. 모니카는 그리스도인이다. 칭찬받는 교사였고, 예배를 위해 유아부에서 수도 없이 자원봉사를 했었고, 몇 년간 주일학교 교사도 했었다. 두 아들과 두 딸들에게 성경을 읽어 주었고, 어렸을 때부터 잠자리에서 기도해 주던 엄마였다. 거의 완벽한 엄마였다. 그녀는 차에 짐을 싣고 개를 데리고 떠나기

일 년 전에 50세 생일을 맞았다. 그런 그녀가 지금은 반항적이고 고집 센 10대 소녀처럼 집을 나가 도망쳐 버린 것이다.

"제 가족들은 제가 며칠 고향을 방문하러 갔다고 생각하고 있을 거예요." 일주일 후 그녀에게서 이메일이 왔다. "그렇지만 저는 브렌트와 함께 살고 있어요. 그리고 집에는 다시 돌아가지 않을 거예요. 진심이에요."

차가 작아서 가져가지 못한 짐을 가지러 한번 집에 왔던 것을 제외하고는 말했던 것처럼 집에 다시는 돌아오지 않았다.

결혼 첫해부터 모니카는 600미터 상공에 떠 있는 고장난 비행기 안에서 소리치던 알렌 레인지와 같은 처지에 있었다. 그리고 거의 25년 동안 한 번도 잭슨 관제탑과 교신하지 못하고 있었다. 스캇은 아내와 멀리 떨어져 있거나 혼자 둘 생각은 전혀 없었다. 정말 아내를 사랑했다. 단지 대화를 잘 못하는 그런 타입이었을 뿐이다. 그러나 그 침묵 때문에 모니카는 그곳에서 죽어 가고 있었다.

모니카로서는 도망가는 것만이 유일한 살길이었던 것이다.

협상이 아니라 대화

자동 응답기에 급한 음성이 남겨져 있었다. "상담이 필요해요." 스탠의 목소리였다. "지금 바로 당장!"

교회나 결혼식장이나 장례식장에서 스탠과 여러 번 이야기를 나눈 적이 있었다. 스탠이 전화한 이유는 알 수 없었지만, 지금까지 늘 해 오던 그런 대화는 아닌 것이 분명했다. 그를 만나기 위해 카페로

급히 가면서 무언가 문제가 생겼다는 확신이 들었다.

스탠은 매우 촉망받는 변호사였지만 그날은 전혀 그렇게 보이지 않았다. 눈은 울어서 빨갛게 부어 있었고, 머리카락은 헝클어져 있었고, 옷은 빨래통에서 그냥 꺼내 입은 것처럼 마구 구겨져 있었다. 스탠은 아내 질과 한 달 동안 별거 중이라고 했다. 그는 처음에는 그저 잘 해결되리라고만 믿고 있었다. 그 시점까지 한 번도 논쟁에서 아내에게 져 본 적이 없었기 때문이었다. 단지 시간이 좀 지나면 아내가 다시 '이성적으로 생각하기 시작할' 거라고 생각했다.

그러나 스탠은 완전히 계산을 잘못하고 있었다. 그리고 지금 절망하고 있었다. 언제라도 집으로 들어갈 수 있는 집 열쇠는 가지고 있지만 아내의 마음을 여는 열쇠를 잃어버렸다고 했다. 아내가 자물쇠를 영원히 바꾸어 버린 것이다.

"아내를 잃어버렸어요." 이렇게 말하면서 스탠의 안색이 창백해졌다. 눈물이 펑펑 쏟아져 내렸다. "내가 바보였어요." 결혼생활이 달라질 수도 있었는데 계속해서 아내를 말로 때려눕혀 왔다고, 항상 비난하거나 화를 내서 아내를 깎아내리고 늘 '승리'를 거두어 왔다고 말했다. 뛰어난 법조인인 스탠은 법정에서 사용하는 기술을 가정에서도 사용해 왔다. 그렇게 해서 결국은 자기 자신의 사건에서 패소한 것이다.

뒤돌아보며 잃어버린 기회를 다시 생각했다. 아내가 '대화의 문제'에 대해 심각하게 걱정하며 말할 때마다 그는 아내를 비웃어 왔다. 아내를 무시했다. 아내가 상담을 받자고 제안했을 때는 며칠씩 말을 하지 않는 것으로 아내에게 벌을 주었다. 부드럽게 "그저 얘기 좀 할 수 없을까요?"라고 말해 오면 빈정거리는 말로 비꼬며 말했다. "그래 좋아, 당신이 먼저 해 봐요."

질은 고개를 아래로 떨구고 걸어 나갔다. 그녀는 그와 논쟁하지 않았다. 말싸움으로 일 년에 수천, 수만 달러를 버는 사람과 논쟁을 벌인다는 것이 얼마나 어리석은 일인지 잘 알고 있었기 때문이었다. 믿을 수 없는 일이지만 스탠은 이런 일들을 승리로 생각하고 있었다.

그렇지만 지금 단 한 달간 별거한 후에 스탠은 너무도 명백히 자기 자신과 멀어진 아내를 보게 된 것이다. 집을 나오던 때와 마찬가지로 지금도 전혀 협상할 수 없었다. 가정과 자녀들이 멀어져 가고 있었다. 그는 무엇을 해야 할지를 몰랐다. 아내와의 대화를 늘 거절했던 것이, 지금 그에게 가장 절실히 필요한 아내에게 연결되는 그 다리를 다 불살라 버렸다.

스탠은 600미터 상공에 있는 알렌 레인지와 같은 상황에 처했다. 절망적으로 맞는 주파수를 찾으면서 죽어 가고 있다. 스탠의 상황이 더욱 나쁜 것은, 그런 위기상황을 만든 것이 바로 자신이라는 것이다. 스탠도 그 사실을 알고 있었다.

안전한 장소를 제공하기

작가 레오 버스카글리아는 좋은 일을 한 어린이에게 주는 상을 심사해 달라는 부탁을 받았다. 한 엄마가 4살 된 자신의 아이 이야기를 제출했다. 이웃에 연로한 남성이 살고 있었는데, 며칠 전에 부인을 잃었다. 아들은 노인의 집에 들어가서 그를 위로했다. 그가 거실의 큰 의자 위에 앉아 있는 것을 발견하고는 그의 무릎 위에 올라가 가슴에 머리를 기대고 앉았다. 노인은 울음을 터트렸다.

아들이 집으로 돌아오자 엄마가 물었다. "할아버지께 뭐라고 말씀드렸니?"

"아무 말도 안 했어요." 아들이 대답했다. "그저 할아버지께서 우실 수 있게 해 드렸어요."

아내와 대화하는 아주 좋은 비법 중 하나는 그저 아무 말도 하지 않고 들어 주는 것이다. 아내에게 남편이 해 주어야 하는 것들 중 하나는 아내에게 안전지대를 제공하는 것이다. 약해지고, 겁 먹고, 외로워져도 되는 편안하고 안전한 장소를 제공하는 것이다. 가끔 그저 울 수 있게 해 줄 필요가 있다.

지지하는 말들

거의 모든 아내들이, 남편이 그녀 앞에서 청하지도 않은 지지하는 말로 그녀에 대해 이야기하는 것을 좋아한다.

몇 년 전 내 딸 미씨는 남편 존과 톰 삼촌이 대화하는 것을 들었던 이야기를 해 주었다. 삼촌의 아내는 암으로 투병생활을 하다가 남편과 어린 두 자식만 남겨 두고 떠났다. 다행히 톰 삼촌은 성공한 사업가였기 때문에 아이들을 돌볼 전임 파출부를 두기로 했다.

삼촌이 존에게 말했다. "보모를 고용했는데, 정말 좋은 사람을 만났어. 아이들을 잘 돌볼 뿐 아니라, 직장에서 돌아오면 집이 깨끗이 청소되어 있고, 저녁이 준비되어 있고, 부엌이 깨끗하게 정리되어 있고, 심지어 내 속옷과 양말이 마술처럼 옷장에 깨끗하게 정리되어 있지 뭐야."

삼촌을 보며 이야기하던 존은 아내 미씨에게 잠시 고개를 돌렸다가 다시 삼촌을 바라보며 말했다. "무슨 뜻인지 알지요." 존은 웃으며 말했다. "저도 매일 경험하거든요. 저희 집에서도 매일 같이 마술이 일어나고 있어요."

내 딸 미씨는 그 말이 자기에게 몇 달 동안 힘이 되었다고 말했다. 빨래 같은 일상의 잡일들에 묶여 있는 자신에게 용기를 주었다고 말했다. 자신이 하찮은 일만 감당하는 무가치한 존재라는 생각을 떨칠 수 있게 해 주었다고 했다. 비록 자신에게 직접 말하지는 않았지만, 남편이 그렇게 인정해 주자 마음이 열리고 남편을 더욱 사랑하게 되었다.

지금은 고인이 된 찰리 쉐드는 성과 결혼에 대해 여러 권의 베스트셀러를 쓴 작가다.[18] 그리고 내가 알고 있는 한, 가장 행복한 결혼 생활을 누린 사람 중의 하나다. 그의 비결은 아주 단순했다. 결혼 초에 아내 마르타에게 매일 새로운 친절한 말을 하기로 스스로 결심한 것이다. 고맙다거나, 사람들을 사랑하는 그녀의 마음에 대한 좋은 칭찬이나, 하나님을 사랑하는 신앙에 대한 칭찬이나, 그녀가 하거나 말한 것에 대해 기쁨을 표현하는 것이었다.

내가 처음 찰리와 마르타를 만났을 때 그분들은 결혼 30주년을 훨씬 넘겨 있었다. 마르타는 남편이 자신과의 약속을 지키지 않은 적이 거의 없었다고 웃으면서 말했다. 그리고 오늘은 어떤 말을 해 줄지 기대하게 되었다고 말했다. 그리고 남편이 그렇게 계속 칭찬해 준 것 덕분에 남편을 더욱 사랑하게 되었다고 했다. 행복한 결혼생활을 하는 아내를 두었기 때문에 찰리도 행복한 결혼생활을 할 수 있었다.[19]

지지하는 말은 확실히 효과가 있다.

특별한 목적이 없는 대화

여자들은 특별히 할 말이 없어도 전화한다는 사실을 알고 있는가? 전화를 걸 뿐만 아니라 특별히 할 말이 없어도 30분 이상 말할 수 있다. 내가 놀랐듯이 아마 당신도 놀랐을 것이다. 그렇지만 이것은 엄연한 사실이다.

반면에 당신이나 나 같은 남자들은 거의 그렇게 하지 않는다. 부모님께 안부전화를 거는 것도 힘들 때가 있다. 왜냐하면 그런 전화는 특별한 목적을 갖고 있지 않기 때문이다.

나는 대화할 때 거의 어떤 목적을 갖고 대화한다. 이발소에 약속시간을 잡으러 전화한다. "다음 목요일, 4시 30분이요, 네 알았습니다. 고맙습니다." 일을 할 때도 고객이나 거래처에 같은 방식으로 전화한다. "당신과 해야 할 일이 있지요? 필요 없는 말은 다 생략하고 본론으로 들어갑시다. 오늘 할 일이 이 전화만 있는 게 아니잖아요." 물론 면전에 대고 이런 말을 하지는 않지만, 그러나 대부분 이런 식이다.

그렇지만 우리는 여자와 결혼을 했다. 당신의 인생에서 가장 중요한 사람이 마음에 어떤 계획과 의도를 전혀 갖지 않고 대화하기를 원한다는 사실을 곧 배워야만 할 것이다. 아내는 특별한 목적 없이 당신과 대화하고 싶어 한다.

예 #1 목적이 있는 대화

아내: "당신 요새 너무 바빠서 전처럼 함께 얘기할 시간이 없는 것 같아요. 같이 앉아서 얘기한 적이 거의 없어요. 당신은 다른 사람하고는 얘기하는데 나하고는 하지 않는 것 같아요."

남편: "문제없죠, 자 우리 함께 대화합시다. 주제가 뭔데요, 같이 논의해 봅시다."

아내: "으아악! 제가 말을 꺼내지 말았어야 했어요. 저는 당신 아내예요. 결혼하기 전에는 함께 몇 시간씩 잠도 안 자고 아침까지 그저 얘기만 하기도 했는데요. 지금은 당신 입에서 투덜거리는 소리도 듣기 어렵군요."

남편: "도대체 날 보고 어쩌란 말이에요. 정말 알 수가 없군. 말을 안 하면 안 한다고 난리고, 말하자고 해도 뭐라고 그러고. 뭘 어떻게 할 수가 없어요."

여기에서 남편이 놓치고 있는 것은, 아내가 원하는 것은 '무엇인가 목적을 이루기 위해' 대화를 하자는 것이 아니라는 사실이다. 자동차를 렌트하거나 호텔을 예약하려는 것이 아니다. 이런 대화에는 분명한 선이 없다. 그저 이야기하고 싶을 뿐이다.

예 #2 목적이 없는 대화
이런 식으로 다른 전략을 구사해 보자.

아내: "당신 요새 너무 바빠서 전처럼 함께 얘기할 시간이 없는 것 같아요. 같이 앉아서 얘기한 적이 거의 없어요. 당신은 다른 사람하고는 얘기하는데 나하고는 하지 않는 것 같아요."

남편: "당신 말이 맞아요. 다른 일이 너무 바빠서 당신에게 관심을 갖지 못한 것 같아요. 미안해요. 당신한테 할 말이 너무 많아요. 그렇지만 당신 먼저 말해 보지 그래요. 오늘 어떻게 지냈어요."

아내: "으아악! 제가 말을 꺼내지 말 걸 그랬…… 잠깐, 당신 지금 뭐라고 하셨죠?"

남편: "당신 말이 맞다고 그랬어요. 당신이 오늘 어떻게 지냈는지 궁금해요."

아내: "글쎄, 좋아요. 음…… 그러니까, 오늘 아침이었어요. 제가 일하러 나가려고 문을 향해 가고 있었어요. 쓰레기를 들고 나가고 있었어요. 그런데 정말 믿을 수가 없게도…… 잠깐만요. 당신 정말 제 이야기가 듣고 싶은 거예요?"

남편: "물론이죠!"

아내가 말을 마치면 당신은 어떻게 지냈는지 물어볼 것이다. 그러면 "좋았어, 종이하고 펜 좀 가져와 봐요."라고 말할 것인가? 아니다. 이렇게 말해야 한다. "그러니까…… 오늘 아침 랄프를 카페에서 만났어요. 지미가 이번 가을에 UVA에 갈 모양이에요. 그 애는 줄리어드 음악 대학에 지원하고 싶은 것 같은데, 별로 자신이 없어서 UVA에 가게 될 거라고 생각하는 것 같아요. 그리고 아침에 사무실에 들어갔더니, 커피머신이 터져서 사무실에 물이 일 인치는 찬 거예요. 낸시가 수리공을 불렀지만 이미 카페트가 다 젖어서 리셉션 방이 엉망이 돼 버렸지요. 그나저나 스테파니가 임신을 했다는군요. 아기가 태어나면 직장을 그만둘 모양이에요……"

무슨 말인지 알겠는가! 아내에게는 무슨 이야기를 하는가는 중요하지 않고, 이야기한다는 것 자체가 중요하다. 정말 중요하다.

남자들이 특별한 주제가 없는 대화를 겁내고 싫어하는 이유 중 하나는 중요치 않은 일을 하게 될 거라는 두려움이다. 세계 기상 변화와 같은 심각한 주제라든가, 아니면 어젯밤 농구 경기의 점수처럼 무언가 확실하게 잴 수 있는 그런 것이 없으면 불안하다. 그러나 실제로는 특별한 주제가 없는 대화가 정말 귀하다. 바닷가에서 금속 탐지기로 천천히 걸으며 무언가를 찾는 것과 같다. 언제 어디서 어떤 보물을 발견하게 될지 모른다.

대화를 원하는 아내의 욕구를 만족시키는 법을 배워야 할 또 다른 이유는, 그것이 정말 절실한 문제이기 때문이다. 마치 관제탑과 수신이 되지 않아 애태우며 소리치고 있는 알렌 레인지처럼, 절망에 가깝도록 원하고 있다. 여자에게는 생사가 달린 문제다.

바비와 나는 함께 40년을 살아왔다. 그래서 이제는 이런 목적 없는 대화가 전혀 힘들지 않다고 말할 수 있었으면 좋겠지만, 그렇지는 않다. 그러나 처음보다는 훨씬 쉬워졌다. 꾸준히 노력하면 훨씬 더 쉬워질 것이다.

알렌, 응답하라!

"세스나, 여기는 잭슨 관제탑. 대답하라! 우리는 당신 비행기가 보인다. 착륙 라이트를 켰다."

이제 무전이 연결되었다. 마침내 알렌은 안전해졌다.

7장
우정
친밀한 부부가 되는 비결

> 깊지 않은 대화를 해야 한다. 시간 낭비가 아니다.
> 그런 것이 바로 결혼생활이다.
> 그게 없으면 결혼생활은 이내 말라죽어 버릴 것이다.
> 월터 완거린, 『나와 내 집에 관해서』

꽤 늦은 시간이었다. 차를 몰고 집 앞으로 들어서자 자동차의 전조등이 집 앞을 환하게 비추었다. 거실에 불이 하나 켜져 있는 것이 보였다. '좋았어! 바비가 아직 자고 있지 않은 것이 분명해.' 나는 순진하게 오늘 있었던 일을 아내에게 이야기해 주고 싶어서 가슴이 쿵쾅거렸다.

집에서 조금 떨어진 차고에 차를 넣고는 뛰어내려 얼른 집으로 들어갔다. 그리고 바로 거실로 달려갔다. 역시 바비가 소파 끝에 앉아 있었고 옆 테이블에 불이 켜져 있었다. 바비가 TV도 보지 않고 책도 읽지 않고 있다는 사실에서 나는 뭔가 눈치를 챘어야만 했다. 그렇지만 결혼한 지 몇 달 되지 않았고 나는 눈치도 좀 둔한 편이었다. 아내 옆에 털퍼덕 주저앉아서 열심히 그날 저녁에 있었던 일을 설명하기 시작했다.

그 당시 나는 유명한 국제 청소년 단체에서 사역자로 일하고 있었고 고등학교 세 곳을 담당하고 있었다. 나는 학생 집에서 소그룹 모임을 인도하기도 하고 일대일 상담도 많이 하고 있었다. 그러던 중 바로 그날 밤 한 가지 소식을 들었다. 바로 '내 아이들' 중 한 명이 중대한 변화를 결심한 것이었다. 그는 심한 마약중독자여서, 그의 부모님이 그를 중독 치료센터에 보내려 하고 있었다. 그런데 내가 그 녀석과 친하게 지내면서 하나님의 은혜로 마침내 삶을 바꾸겠다고 결심하게 된 것이었다.

나는 쉬지 않고 계속 이야기했다.

결혼생활에 서툰 결혼 초년병이었기 때문에 나는 아내가 지금 내 이야기를 별로 즐겁게 듣고 있지 않다는 사실을 깨닫지 못하고 있었다. 바비가 앉아 있는 의자 끝에서 찬바람이 쌩쌩 불고 있는 것에서 무언가 깨달았어야 했는데, 나는 나와 내 사역에 관한 이야기였기 때문에 끝까지 다 이야기했다.

나는 바비의 응답을 기다렸다. 그러나 아무 말도 없었다. 그제서야 바비의 얼굴을 똑바로 쳐다보았다. 나는 바비가 내 말을 전혀 듣지 않았다는 사실을 깨닫게 되었다. 이 일은 아주 오래전에 있었던 일이지만, 나는 아직도 생생하게 바비가 한 말을 기억하고 있다. 아내는 얼굴에 표정 하나 없이 내가 줄기차게 이야기한 성공담에 대해 이렇게 입을 열었다. "관심 없어요."

나는 기가 막혔다.

"관심이 없다고요?" 나는 최대한 아내를 비하하고 비난하는 어조로 말했다. "관심이 없다고 그랬어요?"

"그래요. 관심 없어요." 아내의 푸른 눈빛은 의심할 여지가 없이 냉혹했다. "지금 몇 시예요?" 아내는 계속 말을 이어갔다. "오늘 아홉 시까지 집에 오겠다고 했잖아요. 그런데 늦으면 늦는다고 전화 한 통 걸어 줄 예의도 없나요? 당신은 하루 종일 그 어린애들하고 시간을 보내고 오잖아요. 당신이 약속한 시간보다 늦은 게 오늘이 처음인가요? 도대체 제 자리는 어디 있지요?"

나는 아무 말도 못했다. 이번에는 내가 침묵할 차례였다.

"당신은 밖에 나가서 온 세상을 구원하고 있고, 저는 집에서 혼자 당신을 기다리고 있어요. 이런 상황이 이젠 지긋지긋해요!"

그때 내가 얼마나 놀랐는지를 설명할 적절한 단어가 없다. 나는 한 번도 남편에게 아내가 그런 식으로 말하는 것을 들어 본 적이 없었다(내 '정상적인 것들' 중에는 그런 일이 없었다). 나는 내가 자기중심적이라는 생각은 전혀 못하고, '이런 거친 여자와 결혼하다니, 얼마나 큰 실수를 저지른 거야'하고 생각했었.

그 끔찍한 밤으로부터 30년이 흘렀다. 바비와 나는 이제 상처 주지 않고 조금 더 분명하게 말하는 법을 배웠다. 그렇지만 아내가 하고자 했던 말이 무엇인지 이제는 분명하게 안다. 그것은 사실 매우 단순한 사실이다. 그것은 청소년 사역을 업신여기는 그런 말도 아니었고(아내는 나만큼이나 아이들을 사랑한다), 아내의 믿음이 형편없다는 것도 아니었다(아내는 하나님을 사랑하고 가는 곳마다 하나님의 은혜를 끼치며 살아간다). 아내 바비가 하고자 하는 말은 이것이다. 이것이 그날 밤이 결혼생활에서 중요한 전환점이 된 이유이기도 하다. "저는 당신 아내예요. 하지만 저는 당신 친구도 되고 싶어요. 당신은 친구를 이런 식으로 대한 적이 없어요."

물론 그날 밤 바비의 심정을 다 이해하는 데는 몇 년이 더 걸렸다. 그리고 아내가 용기 있게 그런 말을 해 준 것을 진심으로 감사한다. 결혼 초기에 결혼생활의 현실과 아내가 기대하는 것이 무엇인지 말해 준 것이 너무 고맙다. 아내는 나와 단지 결혼만 하고 싶었던 것이 아니다. 좋은 친구가 되기도 원했던 것이다.

결혼식에서 '신랑 신부 퇴장'이 있은 후로는, 서로에게 좋은 친구였던 신랑 신부가 단지 사랑하는 사람이 되어 버린다. 이 변화는 극도로 위험하다고밖에는 설명할 수 없다. 그런 일은 대부분 두 사람의 관계를 위협한다.

너무너무 단순한 진리

워싱턴 대학의 존 고트만 박사는 지난 몇십 년간 결혼에 대해 가장 보편적으로 받아들여지는 몇 가지 가설을 가지고 부부들을 조사하며 분석했다. 결혼을 성공으로 이끄는 요인과 실패로 이끄는 요인을 분석, 조사하는 고트만 박사는, 결혼에 대해 엄격한 과학적 연구를 하고 있는 몇 안 되는 사람 중의 한 명이다.

고트만 박사는 자세한 인터뷰를 거쳐서 부부들을 '사랑의 실험실'로 잘 알려진 곳에서 실제로 지켜보았다. 고트만 박사와 그의 동료들은 부부들을 지켜보는 과정을 개발하고 부부들의 수백 가지 독특한 행동들을 정확히 찾아내었다.

침실과 욕실을 제외한 곳에 비디오 카메라와 한쪽에서만 보이는 거울, 그리고 마이크가 잘 구비된 아파트에서 부부들은 '정상적으로 살아가도록' 했다. 홀터 모니터[20]가 모든 참가자들에게 부착되었다. 그렇게 오전 9시부터 오후 9시까지 모든 부부들이 조심스럽게 관찰되었다.

몇 년 동안 수백 쌍의 부부들을 관찰하고 분석해 본 결과, 고트만은 거의 90퍼센트까지 결혼의 성패 여부를 예견할 수 있다고 말했다. 5분만 지켜보아도 맞출 수 있다고 한다.[21]

아마 분명히 이런 생각이 들 것이다. 어떻게 그럴 수 있지? 고트만 박사는 결혼을 파괴하는 행위와 결혼을 튼튼히 하는 특별한 행동 양식을 밝혀 냈다. 결혼을 지켜 주는 가장 중요한 보호장비는 단 한 단어로 말할 수 있다. (실망할 준비가 되었는가?) 바로 우정이다. 돈도 아니고, 멋진 해외여행도 아니고, 로맨틱한 데이트도 아니다. 단지 우정 하나면 된다. 고트만은 이런 관찰 결과를 이야기하고 있다.

아내가 결혼생활에서 성관계나 연애나 애착에서 만족을 느끼는지 아닌지를 결정하는 요소의 70퍼센트는 우정이다. 남편에게서도 역시 부부간의 우정이 70퍼센트로 결정적인 역할을 했다. 그러니 결국 남자와 여자는 같은 행성 출신임이 틀림없다. 우정은 불을 지핀다. 왜냐하면 우정은 상대방에 대한 적대감을

없애는 가장 큰 요소이기 때문이다.[22]

이런 발견은 당신이나 나에게 아주 좋은 소식이다. 성공적인 결혼생활을 위해 새롭게 배울 게 없다는 뜻이다. 결혼 초기에 아내와의 우정을 돈독하게 하기 위해 필요한 기술은 젊었을 때부터 배워온 이미 알고 있는 기술이다. 우리는 이미 그 법칙을 알고 있다. 친구를 어떻게 사귀고, 어떻게 관계를 유지해 가는지 알고 있다. 단지 알고 있는 이 지식을 우리와 가장 중요한 관계에 있는 바로 그 사람에게 적용하면 된다.

생각보다 더 통제할 수 있다

아내와 심한 언쟁 중에 있다고 가정해 보자. 말소리가 크고 거칠어진다. 울고 있을 수도 있다. 그때 전화벨 소리가 울린다. 가서 전화를 받는다. "여보세요." 마치 TV로 운동경기를 보다가 전화를 받은 것처럼 친절한 목소리로 대답할 것이다. 통화는 길지 않을 수 있다. 아내는 상대방 음성을 듣지 못해도 당신 목소리는 듣는다. 당신이 상대방이 누군지 알면 얼마나 빨리 음색을 바꿀 수 있는지 알게 된다. 바로 그 자리에서 음성과 태도를 바꿀 수 있다. 왜냐하면 당신 스스로 그렇게 하려고 선택했기 때문이다.

서로 화가 나면 정말 '어쩔 수 없이' 상대방에게 무례하고 험한 말을 하게 된다고 생각하는 사람이 있다. 그러나 그것은 사실이 아니다. 우리는 어쩔 수 있다. 사실 친교나 사업으로 중요한 사람에게라면 얼마든지 친절하고 예의 바르게 말할 수 있다. 그리고 아내는 누구보다 중요한 관계에 있는 사람이어야 한다.

그러나 우정에는 단순히 부정적인 대화를 피하는 것보다 더 심오한 무엇이 있다.

그저 평범한 일

아내와 우정을 쌓는 것이 꼭 드라마 같을 필요가 없다. 이런 상황을 생각해 보자.

단풍이 화려한 어느 가을 아침 일찍 부엌으로 들어간다. 아내는 이미 일어나서 커피 한 잔을 들고 창가에 서 있다. 당신은 부엌 식탁에 놓인 신문을 발견하고 앉으면서 커피를 따른다.

아내:(창문 밖을 내다보며) "저기 나뭇잎들 좀 보세요. 정말 멋지지 않아요?"

남편:(신문 위로 아내가 서 있는 창밖을 바라본다) "정말 그렇군." (흐음 하는 감탄사로 응답한다)

아내:(아직도 밖을 바라보고 있다) "저는 일 년 중 이때가 가장 좋아요."

남편:(신문을 들여다보며) "여보, 이것 좀 들어 봐요!"

아내:(창문에서 돌아서서 싱크대로 간다) "뭐 좋은 기사가 났어요?"

남편: "존슨이 마침내 가게를 팔았다는군요."

아내:(찬장을 열며) "농담이죠? 절대 가게를 팔지 않을 거라고 생각했는데."

남편:(아직도 신문을 보고 있다) "거절하기 힘든 조건을 제시했나 봐요."

아내:(전등을 향해 걸어가서 불을 켜려다가 멈춘다) "오늘 아침에 그 철물점에 가 볼까요? 전구가 좀 필요할 것 같은데."

남편: "좋지요!"

이 대화에서 극적인 요소나, 긴장감이나, 열정을 느낄 수 있는가? 맞다. 그런 것은 맛볼 수 없는 대화다. 극적인 일도, 영웅적인 일도 없다. 그렇지만 이런 대화가 부부간에 우정이 쌓이게 하고 결혼을 튼튼하게 한다. 고트만은 이런 대화를 '서로에게 향하기'라고 부른다. 이렇게 서로에게 관심을 보이는 단순한 몸짓과 편안한 대화가 결혼생활 가운데 수천 번씩 반복되면서 부부간에 쌓이는 편안한 우정으로, 두 사람의 결혼 관계가 쉽사리 깨어지지 않는 단단한 관계가 된다고 한다.

친구 사이에서는 이런 대화가 별로 힘들이지 않아도 쉽게 오고 간다. 예를 들어, 아주 친한 친구와 함께 주말에 골프를 치러 근교에 나갔다고 생각해 보자. 아침 일찍 일어나 함께 아침식사를 하면서 자연스럽게 이런 대화를 하게 된다. 다시 한번 반복해서 말하지만, 결혼생활에 적용해야 할 우정을 쌓는 방법은 이미 우리가 친숙히 행하고 있고 잘 알고 있는 레퍼토리에 들어 있다.

남편이 항상 아내를 무시하는 대화 패턴을 '서로에게 향하기' 대화 패턴과 비교해 보자. 이 부부는 서로의 말을 자르고, 서로 일방적으로 말하고, 서로 지적하여 말하고, 서로의 등 뒤에서 말한다. 그러나 함께 이야기하는 법은 거의 없다.

그런데 단단한 우정에는 이런 대화 외에 다른 것이 더 있다. 우정은 시간 사용에도 영향을 미친다.

시간

결혼생활을 위협하는 큰 문제 중 하나는 부부가 함께 있을 시간이 거의 없어진다는 것이다. 삶에서는 예고도 없이, 그리고 가차 없이 일이 벌어지기 때문에, 부부가 함께할 시간을 내기가 무척 힘이 든다. 주어지는 일이 대부분 급박하고, 일이 주는 압박감에 비한다면 내 아내는 언제든지 기다려 줄 수 있을 것 같다. 전화도 미룰 수 없고, 비행기도 기다려 주지 않고, 달라스에서 열리는 회의도 나를 위해 연기되지 않는다. 그렇지만 내 아내는 기다려 줄 수 있다.

상황을 직시하고 해야 할 많은 일들을 기꺼이 미루겠다는 의지가 없었다면, 바비와 나는 서로 떨어져 위험천만하게 표류했을 것이다. 내가 내 시간표를 들여다보게 된 것은 바비가 요구했기 때문이었다. 위험을 감지한 바비는 함께 있을 시간을 마련하기로 굳게 결심했다. 가끔 그것을 놀이처럼 하기도 했다. 내가 늦게까지 사무실에서 일하게 되면 바비는 소풍도시락을 싸 가지고 사무실로 찾아왔다. 사무실 바닥에 체크무늬 식탁보를 깔고 도시락을 먹는 기분이란! 샌드위치와 감자샐러드와 차가운 차까지 있고, 게다가 벌레들이 없었다. 나는 아내가 거침없이 내 스케줄 속으로 뛰어들어 왔기 때문에 지금 우리 부부 사이에 굳은 우정이 있게 되었다고 믿는다. 그래서 아내에게 감사하다.

슬롯 시스템

마크와 수잔에게도 이와 비슷한 이야기가 있다. 이들이 부부가 함께하는 시간을 만들어 내는 방법은 더 확실하다. 한 번은 이 부부가 결혼 초기에 산책을 오래 하다가, 그들의 결혼생활을 지킬 수 있는 방법에 대해 대화하게 되었다고 한다. 수잔은 마크의 사역이 너무 일이 많아서 결혼생활에 부정적인 영향을 끼치게 될 것을 걱정했다. 그러다가 산책이 다 끝나기 전에 수잔이 방법을 하나 제안했다. 너무 오랫동안 떨어져서 결혼생활이 위태로워지는 것을 예방할 수 있는 아주 단순한 전략이었다. 그때 개발한 것이 바로 이 슬롯 시스템(Slot System)이라는 방법이다. 여기에 작용하는 원리는 이것이다. '계획이 없으면 자기 시간을 스스로 통제하지 못하고 결혼생활이 일에게 지배를 받게 된다.'

그 대화 이후로 마크는 두 가지 확실한 결과를 얻게 되었다. 먼저는 이 슬롯 시스템이 아주 효과적이어서, 부부가 함께 시간을 보내는 것을 가지고 논쟁하는 일이 없어졌다. 두 번째로 수백 쌍의 부부에게 이 방법을 적용했는데, 열화와 같은 반응을 얻었다.

이 시스템은 일주일을 21개의 칸(slot)으로 나눈다. 다음과 같다.

일요일	월요일	화요일	수요일	목요일	금요일	토요일

매일을 아침, 점심, 저녁 세 칸으로 나눈다. 마크와 수잔은 적어도 일주일에 6번은 부부가 함께하는 시간을 가져야 한다는 결론을 내렸다. 모든 칸은 식사와 그 주위 시간을 의미한다. 아침칸은 아침식사 후부터 점심식사 전까지, 점심칸은 점심시간부터 오후 5시쯤까지, 저녁칸은 저녁식사를 포함해서 잠자리에 들 때까지를 가리킨다.

슬롯 시스템―증거물 제1호

토드와 멜라니에게서 이 방법이 어떤 효과를 보였는지 살펴보자. 2년 전에 마크가 이들의 결혼식을 주례했다. 그런데 이들이 지금 다시 마크를 만나러 온 것이었다. 이 두 사람은 정신을 바짝 차리고 결혼생활에 들어갔다. 결혼생활을 위해서라면 '무슨 대가라도' 기꺼이 치르겠다는 결심을 했었다. 결혼예비상담에서 이들이 한 결심 중의 하나가 결혼생활이 '탁월함' 수준에서 벗어나면 마크를 찾아오겠다고 한 것이다. 그래서 지금 마크의 사무실에 함께 앉아 있게 되었다.

멜라니가 먼저 말을 시작했다. "무언가 빠진 것 같아요." 토드도 고개를 끄덕였다. "우리는 결혼하고 나면 함께 춤추는 것 같을 줄 알았어요." 멜라니가 계속 말했다. "그런데 무거운 발을 이끌고 걷는 것조차도 힘든 것 같아요. 그저 살아가기에 급급한 것 같아요."

"꼭 자동차 실린더가 일부만 작동하는 것 같아요." 토드가 말했다. "차 바퀴가 베어링 없이 돌아가는 것 같은 느낌이 들어요."

마크는 토드와 멜라니에게 둘이 함께 보내는 시간이 얼마나 되는지 물었다. 그러자 둘 다 크게 웃었다. 결혼 상담에서는 좋은 징조다.

"뭐가 그리 재미있지요?" 마크가 물었다.

"지금은 그럴 생각도 못해요." 토드가 말했다. "이제 막 사업을 새로 시작해서 거의 매일 늦게까지 일해요. 매일 저녁 여덟 시가 넘어야 집에 들어가요. 집에 들어와도 너무 지쳐 있어서 자꾸 싸우게 돼요."

주말은 어떤지 물었다.

토드가 토요일에도 거의 일을 하고, 일요일에 멜라니는 교회 어린이 성가대를 맡고 있고, 토드는 오후에 청소년 모임을 맡고 있다고 했다. "그래도 토요일 저녁에는 줄곧 데이트를 멋지게 해 왔어요. 그렇지만 요즘은 재미있는 일을 해도 계속 신경이 곤두서 있어요." 멜라니가 말을 맺었다.

테드와 멜라니는 결혼에서 가장 필요한 영양분 한 가지를 잊고 있었다. 바로 부부가 함께하는 시간이었다. 부부가 함께 충분한 시간을 보낼 수 있도록 계획을 짜는 것은 자동차의 엔진오일을 교환하는 것과 같다. 엔진이 최소한의 마찰로 부드럽게 작동하게 한다.

마크는 빈 '슬롯 시스템' 용지를 꺼내 토드와 멜라니에게 일주일 시간표를 생각해 보도록 요구했다. "고정적으로 써야 하는 시간을 찾아 칸에 쓰세요." 마크가 말했다. "그리고 빈자리에 부부가 함께할 수 있는 시간을 여섯 칸 찾아 쓰세요. 다른 일을 다른 자리로 옮기는 한이 있어도. 그리고 이 칸에 낭만적인 휴가를 넣을 생각은 하지 마세요. 함께 쇼핑을 한다든지, TV를 본다든지, 낮잠을 잔다든지, 친구와 함께 저녁을 먹는다든지, 아니면 그저 집에서 빈둥거려도 좋습니다."

마크가 설명을 하자 토드와 멜라니는 침을 꿀꺽 삼켰다. 그런 시간을 쉽게 찾을 수 있을 만큼 여유가 있지 않다는 사실을 알고 있었기 때문이다. 이들이 고민하고 있는 동안 마크가 몇 가지 방안을 제안했다. "늦게까지 일해야 한다면 이틀 밤을 여덟 시까지 일하지 말고, 하루는 열 시까지 일하고 하루는 다섯 시 삼십 분에 집에 오면 어떨까요. 그러면 한 칸을 채울 수 있을 것 같은데. 또 토요일에 열 시에서 네 시까지 일하기보다는 아침 일찍 나가서 열두 시까지만 일하면 어떨까요. 그러면 토요일 오후에 멜라니와 함께할 수 있는 시간이 두 칸 생기는데요."

마크가 1번부터 6번까지 부부 시간을 만들어 내고 남는 빈 공간에 동그라미를 쳤다. "이 시스템이 갖는 정말 멋진 면이지요." 마크가 설명했다. "부부가 함께 보낼 시간을 확보할 수 있을 뿐만 아니라, 각자 자신만의 활동을 할 수 있는 자유로운 시간을 준다는 겁니다. 배우자에게 미안해 하거나 허락받기 위해 눈치 볼 필요 없이 말이죠."

시간표에 나와 있는 동그라미는 각자 자신만의 활동을 할 수 있는 빈 시간을 나타낸다. 친구들과 운동을 간다든지, 취미로 무엇을 배운다든지, 어떤 활동이든지 말이다. 이런 계획으로 부부가 함께하는 시간과 미안한 마음 없이 각자의 활동을 할 수 있는 시간의 균형을 잡을 수 있다. 너무 오래 함께 있어서 숨이 막히지도 않고, 너무 함께 있는 시간이 없어서 멀어진 것 같이 느끼지도 않을 수 있다.

일요일	월요일	화요일	수요일	목요일	금요일	토요일
1. 아침식사, 같이 교회가기	일	하	는	시	간	○
○	일	하	는	시	간	5. 집 단장
2. 집에서 청소년 모임	○	3. 집에서 저녁식사	○	○	4. 존, 루이스 부부와 저녁식사	6. 부부 데이트

마크가 이 방법을 가르칠 때마다 사람들이 한결같이 묻는 질문이 있다. 일주일에 여섯 번을 함께할 수 없는 때는 어떻게 하느냐는 것이다. 출장을 간다든지, 회사에서 긴급한 일이 생긴다든지 등등으로 말이다. 물론 그런 일이 종종 일어난다. 그렇지만 아주 중요한 요점은—놓치지 말라고 말하고 싶다—여섯 번을 당연한 것으로 정해 놓으면 그렇게 할 수 없는 상황을 당해도 잘 다룰 수 있다는 것이다. 마크와 수잔은 이렇게 말한다. "우리는 여섯 번 함께 있는 것을 의무조항으로 정했어요. 그래서 일주일에 여섯 번 함께 있는 것을 정상으로 여기고, 같이 있지 못하면 비정상으로 여기지요."

여기에 주의하기 바란다. 마크는 이 슬롯 시스템에 관해 가장 중요한 말을 했다. "아내와 가지는 시간의 질에 대한 부담감을 버리세요. 아주 멋지게 보내려고 일주일에 한두 시간을 짜내는 것보다, 함께 보낼 시간의 양을 못 박아 두는 것이 부부가 멋진 시간을 보낼 수 있는 좋은 토양을 제공해 줄 겁니다."

비밀 제로 방침—아무것도 숨기지 않는다

우리 할아버지 집에 가면 무슨 냄새가 났었다. 그리 나쁜 냄새는 아니었지만, 할아버지 집에 갈 때마다 기분 나쁜 무엇인가가 우리를 맞이하는 것 같았다. 할아버지께서 천국에 가시고, 그 집을 새로 산 사람은 집을 완전히 수리했다. 아마 냄새를 없애기 위한 것이 첫째 이유였을 것이다.

배우자에게 말하지 않은 비밀은 결혼생활이라는 벽에서 냄새를 풍기기도 한다. 눈에 보이지는 않지만 둘 다 무언가 '냄새가 난다'는 것을 안다. 우리는 약혼 중인 커플에게 말한다. 한참 사랑에 빠져 있을 때 비밀을 말하지 못한다면, 결혼을 보호하는 완충장치가 약해져 있을 때는 더욱 받아들이기 힘들어질 것이라고 말이다.

다음은 비밀에 숨어 있다가 나중에 자라나 결혼을 파괴할 수 있는 씨앗들이다.

- 직장에서 친하게 지내는 이성 동료
- 공금횡령으로 직장에서 쫓겨난 경우
- 아내가 모르는 이메일 주소
- 학교에서 부정행위를 한 사실
- 아내가 없을 때 마시는 술의 양

• 자주 보는 포르노

부부간에 이런 무비밀 방침을 가질 것을 제안하면 종종 (대부분 남자들이) 이런 질문을 한다. "다른 여자를 보고 음욕을 품을 때마다 아내에게 말해야 한다는 말씀이신가요?"

내 대답은 "그런거지요"이다.

물론 아내가 당신이 갖는 모든 음란한 생각의 리스트를 낱낱이 다 가지고 있을 필요는 없다. 그렇지만 그 문제를 가지고 스스로 노력하고 있다는 사실을 말해 주면 문제 해결의 실마리를 얻을 수도 있고, 혼자 몰래 생각하는 것에서 벗어날 수 있다. 그리고 책임감을 형성해 준다.

20년 전 나는 2층에 있는 새 사무실에서 일한 적이 있다. 내 책상은 창문을 향해 있었고 창문을 통해 주차장을 내려다볼 수 있었다. 어느 날 아침 일찍 책상에 앉아 있다가 우연히 어떤 여자가 차에서 내려 건물로 들어오는 것을 보게 되었다. 그 여자는 모델처럼 얼굴과 몸매가 흠잡을 데가 없이 완벽했다. 걸음걸이도 부드러우면서 힘찼다. 여자가 건물로 들어서서 보이지 않을 때까지 내 가슴이 쿵쾅거렸다.

나는 혼자 생각했다. 도대체 저 여자는 누굴까?

다음날 아침에도 아주 우연히 다시 눈에 들어온 것이 있었다. 나는 책상에서 고개를 들었고 그 여자가 차에서 걸어 나오는 것을 다시 보게 되었다. 나는 또 시야에서 사라질 때까지 그 여자를 보고 있었다. 그 후로 며칠 동안 그 여자를 보게 된 것은 그리 놀랄 일이 아니었다. 나는 그 여자를 엿보았다. 조금 더 잘 살펴보려고 창문에 가까이 서 있기도 했다. 그 며칠 동안 내 마음은 그 여자에게 향해 있었다. 어떻게 한번 만나 볼 수 없을까 생각도 했다. 건물 앞에서 기다리고 있다가 이제 막 나가는 것처럼 행동해 볼까? 나는 내 생각이 너무 멀리까지 가도록 놓아두었다. 나는 선을 넘었고, 나 스스로도 그것을 알고 있었다.

"당신에게 할 말이 있어요." 나는 일주일 후 아내에게 이야기했다. "매일 아침 우리 건물로 걸어 들어오는 여자를 본 적이 있는데……"

몇 분 동안 나는 무슨 일이 있었는지, 이 정체불명의 여자가 내 상상력을 어떻게 움직였는지 설명했다. 나는 아내가 모르는 비밀을 갖는 것이 견디기 힘들었다. 나는 미안하다고, 내 어리석음을 용서해 달라고 말했다. 아내는 말해 주어서 고맙다고 말했고, 기꺼이 용서했다.

그리고 월요일 아침, 나는 그 여자가 현관문에 들어서기 전에 눈을 돌렸다. 아내에게 말해 버리고 나서는 훔쳐보는 스릴이 사라져 버렸기 때문이었다.

숨겨 놓은 비밀은 곪아서 결혼을 위협하는 심각한 질병을 일으킬 수 있다. 부부간의 우정을 깨트릴 힘이 있다. 병을 고치려면 비밀을 폭로해야 할 필요가 있다.

비밀에 관해 한 가지 더 생각해 볼 것

아내도 당신에게 나누고 싶은 비밀이 있을 수 있다. 아마 별로 알고 싶지 않은 비밀일 것이다. 그렇지만 아내는 남편에게 말할 필요가 있다. 비밀을 말할 수 있으면 혼자 비밀을 간직하고 남편에게 숨겨야 한다는 짐을 벗어 버릴 수 있다. 아내가 비밀을 말할 때 필요로 하는 것은 남편의 확신과 용서와 사랑이지, 비난이 아니다.

8장
갈등
당신만이 산불을 방지할 수 있다

> 아라비스와 샤스타는 늘 싸우고 또 다시 화해하는 데 익숙해져 있었다.
> 그래서 좀 더 편하게 싸우고 화해하기 위해서 결혼하기로 했다.
> C. S. 루이스, 『말과 소년』

소방서는 멀리 일리노이주 휘튼 중심가에 있었지만, 소방차가 사이렌을 울리기 시작할 때부터 나는 그 소리를 들을 수 있었다. 나는 그날 오후 소방차 소리에 더욱 민감했는데, 왜냐하면 소방차가 바로 나 때문에 오고 있었기 때문이었다.

내가 어렸을 때, 아무도 쓰레기를 분리수거한다는 생각을 못하고 있을 때, 우리 집은 쓰레기를 분리하고 있었다. 그렇지만 재활용을 위한 분리는 아니었고 단지 태우기 위한 것이었다! 우리 집 차고에는 커다란 세탁기 박스 두 개가 있었는데 하나는 캔이나 유리 쓰레기를 담았고, 다른 하나는 '태울 수 있는 쓰레기'를 담았다. 우리 아들 4형제 중 한 명이 이삼 주일에 한 번씩 이 통을 빨간색 아동용 자동차에 싣고 집 뒤에 가져가서 태워야 했다. 그렇지만 그 일은 잔디를 깎는 일이나 지하실 청소와 같이 하기 싫은 일은 아니었다.

바로 그 특별한 날, 열두 살이었던 나는 다섯 살짜리 동생과 함께 쓰레기를 태우러 갔다. 그 큰 박스를 조그마한 수레에 싣는 것을 누가 도와주었으면 하고 바랐던 것 같다.

쓰레기 태우는 곳에 도착해서 대니와 나는 박스를 거꾸로 들어 쓰레기를 쏟았다. 그때까지는 바람을 주의하지 않았고, 종이 몇 조각을 잡으려고 키 큰 풀 더미로 쫓아가야 했다. 나는 대니에게 불붙은 종이가 굴러가서 키 큰 풀 더미로 넘어가지 않도록 막으라고 말하고는 쓰레기에 불을 붙였다. 그런데 일단 쓰레기에 불이 붙자, 불을 조금 가져다가 키 큰 풀에 붙이면 어떤 일이 벌어질까하는 생각이 들었다.

"하지 마, 형." 대니가 내가 하려는 것을 보고 말렸다. 이 조그만 녀석이 무얼 알겠어? 나는 속으로 생각했다.

"큰 불이 날거야." 대니는 눈을 크게 뜨고 말했다. "엄마한테 이른다."(조그만 동생이 늘 하는 말이다.)

나는 동생 말에는 아랑곳하지도 않았고, 바람 부는 건조한 날이었기 때문에 정말 순식간에 큰 들불을 낼 수 있는 상황이었다. 처음에 풀에 붙은 불은 아주 작았다. 그저 발로 끌 수 있을 정도였다. 그러나 나는 불이 조금 더 커지도록 잠깐 두고 보기로 했다. 더 재미있었다. 그런데 그 순간 나는 더 이상 우리 힘으로 불을 끌 수 없다는 사실을 깨달았다.

창문에서 불꽃을 본 어머니가 소방서에 전화를 걸었다. 아들 네 명이 있는 집이었기 때문에 전화기 옆에 항상 소방서 전화번호가 붙어 있었다. 어머니는 물을 한 동이 받아가지고 가능한 한 빨리 달려오셨다. 양동이를 옆으로 들지 않으시고 팔에 안고 달려오셨다. 물이 앞뒤로 마구 쏟아졌다.

어머니가 우리를 향해 달려오시다가 막대기에 걸려 넘어져 앞으로 곤두박질치셨다. 양동이는 땅바닥에 내동댕이쳐져서 물이 위로 치솟았다. 물은 어머니를 머리끝에서 발끝까지 적시고 땅속으로 사라져 버렸다.

우리 아버지는 생계를 위해 세계 곳곳을 다니셨지만, 그 순간에는 그리 멀리 계신다고 느껴지지가 않았다. 아마 그리스에 계셨던 것 같은데, 아버지께서 돌아오시면 무슨 일이 벌어질지 눈에 선했기 때문이었다. 그날 바람이 불고 날씨가 건조했기 때문에, 내 동생의 진실 어린 보고가 없었다면 매를 피할 수도 있었다. 나는 동생에게 뇌물을 주려다가 역효과만 낳았다. (그건 그렇고 내가 마크에게 이 들불 사건을 말하자, 크게 웃으면서 자기가 들불을 냈을 때는 10살이었다고 말했다. 정말 남자 아이들은 못 말린다!)

연기가 나는 곳에……

결혼식이 끝나고 나서 진짜 결혼이 무엇인지 배우기까지 그렇게 많은 시간이 필요하지는 않을 것이다. 즉 갈등이 끊이지 않는다는 것이다. 약혼 중에도 몇 번 싸우긴 했지만, 결혼하고 나면 그런 싸움이 끝나기를 기대한다. 적어도 빈도와 정도만이라도 줄었으면 하고 바랄 것이다. 그러나 그런 무식한 생각은 일찌감치 버리자.

몇 번의 갈등은 잘 참을 수 있다. 그러나 젊은 날의 혈기 왕성한 때를 돌아보건대 어떤 싸움은 분명 정도를 지나칠 것이다. 몇 마일 떨어진 곳에서도 연기를 볼 수 있을 정도다. 그럴 때 당신이나 당신 아내는 다음의 다섯 가지 동물 중 한 마리의 특징을 보일 것이다. 자신이 (그리고 아내가) 어떤 동물과 비슷한지 찾아보자.

타조

갈등이 평소보다 심해지면 타조 같은 타입은 모래 속에 머리만 파묻는다. 마치 아무 일도 일어나고 있지 않은 듯 행동한다. 아내로부터 도망가려고 스스로에게 거짓말을 한다. 리모컨을 누르며 아내 목소리에서 도망갈 수 있는 무엇인가를 찾는다. 특히 아내가 그렇다고 가정해 보자.

호랑이

이런 타입은 전형적으로 승자독식의 싸움꾼이다. 싸움이 거칠어질 것 같으면 바로 송곳니를 드러내고 발톱을 세운다. 싸움에서 우위를 차지하려면 앞발을 들어 상대방에게 해를 입혀야 한다. 결혼한 지 오래되면 될수록 상처를 주는 말이 무엇인지 너무 잘 안다. 물론 이런 호랑이를 무시하는 것은 화를 더욱 돋우는 일일 뿐이다. 호랑이 아내와 결혼한 것처럼 생각해 보자.

거북이

언뜻 보기에 이런 남편은 타조 타입처럼 보인다. 그렇지만 속지 말자. 단지 좋은 기회가 오기를 기다리면서 등껍질 속으로 목을 숨기고 있을 뿐이다. 그러다가 고개를 내밀고 잽싸게 악의에 찬 상처 주는 말을 내뱉는다. 아내가 다시 덤비면 머리를 다시 집어넣는다. 물론 머리를 넣고 있어도 마음이 편치 않을 것이다. 이런 여자와 결혼을 했다면 어떨까.

스컹크

민첩하고 교활한 이 싸움꾼은 의도적이든 의도적이지 않든 싸움을 일으킨다. 희생자를 향한 지독하고 관계없는 일반화로 집중 포화를 날린다. 이런 스컹크들은 논쟁에서 달아나 다른 방으로 문을 꽝 닫고 들어가 안에서 소리를 지르기도 한다. 그렇지만 왠지 이들은 이런 싸움을 즐기는 것 같기도 하다. 마치 자신이 풍기는 냄새를 즐기는 것 같다. 이런 스컹크들이 자신이 풍긴 끔찍한 악취에 대해 죄의식을 느끼는 유일한 방법은, 이런 사람과 결혼했다고 가정해 보는 것이다.

강아지

이런 남자가 화내는 것은 거의 볼 수 없다. 그는 "뭐든지" 혹은 "별 문제도 아니네" 같은 표현을 자주 쓴다. 농담을 해서 논쟁을 피하려 애쓴다. 싸움을 싫어하기 때문에 어떻게 해서라도 평화를 유지하려 한다. 그렇지만 가끔 난장판을 만들어서 다른 사람이 그 뒷정리를 해 주어야 한다. 모든 비난을 받더라도 서로의 입장 차이로 서로가 뭔가 불편해지지 않기 위해 애쓴다.

작은 갈등을 징검다리로

수 년간 결혼생활을 해 오면서, 다른 부부들을 관찰하고 상담한 경험으로 우리는 위에서 말한 이런 못된 동물들을 다스리는 데 도움이 되는 전략을 얻게 되었다. 앞에서 말한 예를 들자면 소방차의 사이렌 소리를 듣지 않게 하는 데 도움이 된다. 여기저기서 일어나는 작은 불꽃을 막을 수는 없지만, 대체적으로 가정과 이웃이 대학살의 위협을 느낄 만큼 격화되는 것을 막을 수는 있다.

사실 어떤 남자들은 이런 전략을 가지고 잘 다투어서 평범한 결혼생활을 아주 훌륭한 결혼생활로 만들어 가기도 한다.

소방 안전 전략 #1: 불완전함을 포용한다

이 전략은 잘못된 기대감을 다루는 것에서 시작한다. 결혼할 때 당신은 잘못된 기대를 가지고 결혼했다. 당신 아내도 마찬가지다. 그러나 걱정할 필요는 없다. 거의 모든 신랑 신부들이 다 가지고 있는 기대이기 때문이다. 예를 들면 이런 것들이다. '나는 이 사람을 너무 사랑해. 성격이나 습관 중에 아주 조금 고칠 게 있어. 그렇지만 결혼하면 내가 곧 고쳐 줄 수 있을 거야.'

아, 꿈을 깨 버리는 것이 하나 더 있다. '우리의 만남은 우연이 아

니야. 하나님께서 우리를 만나게 하셨으니까! 그러니까 우리는 결혼해도 싸우지 않을 거야.'

만약 운이 억세게 좋아서 죄 없는 완벽한 여인과 결혼한다면 이런 소망이 실현될지도 모르겠다. 아니면 당신 아내가 완벽한 당신과 결혼해서 이런 꿈이 실현될지도 모른다. 그러나 그런 일은 전혀 일어날 수 없다. 당신과 당신 신부는 불완전한 사람들 사이에서 왔고, 똑같이 흠 많은 재고품들이기 때문이다.

나는 거의 경력의 대부분을 출판업에서 쌓아 왔다. 즉 지난 30년간 수천의 자료들을 읽고 조사해 왔다는 뜻이다. 한 가지 주목할 만한 사실은, 즉각적으로 내 눈에 띄는 것은 잘된 부분이 아니라 잘못된 부분이라는 것이다. 실력 있는 편집자가 되는 것은 직업적으로 좋은 일이지만, 결혼생활에서 아내의 잘못을 지적하고 빨간 펜으로 체크한다면 엄청난 문제를 일으키게 될 것이다.

조금 이상한 일이지만, 출판사업을 20년이나 하고 나서 처음 책을 쓰기 시작했다. 그런데 내 편집자로부터 원고를 돌려받고 보니 온통 빨간 글씨로 수정한 것 투성이였다. 나는 내 자신의 원고도 수정이 필요하다는 사실을 깨닫고, 또 다른 사람들이 나에게 편집받을 때의 고통을 이해하게 되었다.

또한 자신 안에 있는 불완전함을 인식할 때부터(적어도 그 정도 수준은 되길 바란다), 이 전략은 자신과 결혼해서 살기 아주 힘들 거라고 스스로 인정하게 하는 효과를 잘 발휘한다. 우리는 모두 자기중심적으로 몸부림치므로, 인정하기가 정말로 쉽지 않다. 그러나 자기 자신의 결점과 조용히 화목할 수 있으면 아내 앞에서도 인정하기 쉽다. 심지어 다투는 중에도 그렇게 할 수 있다.

아내가 집을 어질렀다고 비난하면 "당신 말이 맞아요."라고 말할 수 있다. "정말 그래요, 그러면 안 되는데." 혹은 "그렇게 말하면 안 되는데." 같은 태도가 초기에 불을 진화하는 데 얼마나 도움이 되는지 모를 것이다.

기독교 상담 분야의 개척자 중 한 사람인 헨리 브랜트 박사는 피할 수 없는 차이점을 가진 부부가 한 팀을 이룰 수 있게 하는 비밀 병기를 개발했다. 브랜트 박사는 한 가지 질문을 하면서 강의를 시작한다. 처음에는 남편에게, 그리고 아내에게 묻는다. "우리가 상대방에 대한 불평을 늘어놓기 전에, 묻고 싶은 것이 하나 있습니다. 고해해야 할 것이 있나요?"

자신이 불완전하다는 것을 인정하고 나면 아내의 결점을 이해할 수 있는 마음의 문이 열린다. 믿거나 말거나, 하려고만 하면 남자가 여자보다 더 잘할 수 있다. 그러니 남편이 먼저 시작하는 것이 좋다.

나는 배에 대해서는 잘 모르지만, 바다에서 비극을 피하는 한 가지 기본 법칙은 알고 있다. 가장 기동력이 좋은 배가 덜 민첩한 배에게 양보해야 한다는 것이다. 즉 남편이 먼저 연약함을 보여 준다면 아내도 편히 자신의 약점을 보여 줄 수 있게 될 것이다.

소방 안전 전략 #2: 싸우지 않고도 의견을 달리할 수 있다

아내와 남편 간에 갈등과 의견 충돌이 있는 것은 매우 자연스럽고 건강한 일이다. 그렇다고 항상 싸우라는 말이 아니다. 『화성에서 온 남자 금성에서 온 여자』라는 책으로 유명한 존 그레이 박사는 부부 간에 의견의 충돌이 있을 때 언성을 높여 논쟁하는 것은 좋은 방법이 아니라고 말한다. 갈등이 '방어하고 승리하는' 데 초점을 맞추고 해결하는 데는 관심을 두지 않는 것이 문제다.

결혼 첫해에 바비와 나는, 의견이 충돌하는 가운데 상대방을 화나게 해서 작은 논쟁을 활활 타오르는 산불이 되게 하는 우리의 말들이 있음을 알게 되었다. 그래서 우리는 과감히 시도했다. 한번 이렇게 격렬하게 싸우고 나서 우리 부부는 조용히 대화하는 가운데, 우리 부부만의 '교전규칙'을 작성하려고 논의하게 되었다.

제네바 협약

1859년 6월 24일에 헨리 듀낭[23]은 북부 이탈리아에서 쏠페리노 전쟁을 목격했다. 피 흘리고 있는 사람들을 본 듀낭은 즉각 지역 농민들을 동원해서 부상당한 병사들을 전쟁터에서 끌어내어 의사들이 있는 교회로 데리고 왔다.

부상당한 병사들을 취급하는 비인간적인 상황에 몹시 마음이 아팠던 듀낭과 다른 네 명의 남자들은, 어떻게 하면 전쟁을 조금이라도 '인간적'으로 만들 수 있을지 상의하기 위해 스위스 제네바에서 13개 나라의 국제회의를 소집했다. 그 회의가 끝난 1864년 8월 22일에 각국 대표들은 제네바 협약에 서명을 했다. 이 협약은 구급차와 군사병원과 부상자를 돌보는 사람들의 중립을 보장하고, 전쟁이 끝나면 포로들을 자국으로 돌려보내는 것에 합의하고 있다. 또 병원이나 구급차나 난민 수용소에 붉은 적십자기를 사용해서 중립지역임을 표시하기로 했다.

지난 150년간 이 협약은 전쟁에서 화학무기 금지와 같은 여러 번의 개정을 거쳐 왔지만, 수백 곳의 전쟁터에서 감시병으로 우뚝 서 있었고, 수만 명의 군인들이 이 제네바 협약의 보호 아래 목숨을 구했다.

결혼 첫해에 아내 바비와 나는 결혼생활 중 필연적으로 발생하는 논쟁을 하면서 우리만의 '제네바 협약'이 있어야 한다는 데 동의했다. 그래서 절대 부상병을 학대하거나 독가스를 사용하지 않아야 하는, 다음과 같은 타협이 불가한 사항들을 결정했다.

1. 사람들 앞에서 (또 앞으로 태어날 자녀들 앞에서) 상대방을 비난하지 않는다. 상처를 입은 사람은 가능한 한 빨리 배우자를 조용히 불러내서 자기 생각을 직접적으로 설명한다.
이렇게 말한다: (파티가 끝나고 집으로 가는 길에) "당신 친구들 앞에서 저한테 너무 많이 먹는다고 말했을 때 정말 기분이 상했어요. 어떻게 해야 할지 몰라 당황했어요."
이렇게 말하지 않는다: (친구와 함께 파티에 있을 때) "당신 벌써 세 접시째 아니에요? 너무 먹는 것 아니야? 몸매도 생각해야죠."

2. 몸이 피곤할 때는 서로 의견이 다른 문제를 다루지 않는다. 바비와 나는 아주 바쁜 날을 보내서 많이 피곤한 날이나, 정서적으로 신체적으로 상태가 별로 좋지 않을 때 심각한 문제를 토론하는 것이 별로 좋지 않다는 것을 깨달았다. 피곤할 때는 요점을 찾기 힘들고 결론에 도달하기도 어렵다.

이렇게 말한다: "저도 가능한 한 빨리 이 문제에 대해 상의하고 싶어요. 하지만 지금은 둘 다 매우 지쳐 있으니까 지금 그 문제를 상의하는 것은 별로 현명한 생각 같지 않아요. 아침에 커피 한 잔 마시면서 이야기합시다. 당신을 사랑한다는 걸 잊지 말아요. 지금은 둘 다 휴식이 필요한 것 같아요.

이렇게 말하지 않는다: "당신 기분이 어떤지는 상관없어요. 성경에서 말하기를 '해가 질 때까지 분을 품지 말라'고 했잖아요. 이제 해가 졌어요. 시간이 다 됐으니까 이젠 제발 그만 징징거려요."

3. 비꼬아 호명하지 않는다. 부모님 이름을 들먹이지도 않는다 (아마 아내 성격 중 가장 싫은 점이 장모님과 닮았다는 사실을 곧 알게 될 것이다).

이렇게 말한다: "당신 그렇게 하는 건 전 싫어요."

이렇게 말하지 않는다: "정말 잘하고 있네, OOO씨."

4. 아주 긴밀한 관계 속에서 대화했던 예민한 내용을 싸움에 써

먹지 않는다. 부부가 정말 깊이 있는 관계를 맺으려면 자신의 가장 깊은 곳에 있는 두려움이나 후회나 실패와 같은 예민한 내용들을 함께 나눠야 한다. 이때 서로 알게 된 사실을 싸움 중에 말하거나 이용해서 공격하는 것은 부부간에 지켜야 할 최소한의 예의를 벗어나는 행동이다.

이렇게 말한다: "이런 일이 당신을 얼마나 화나게 하는지 잘 알고 있어요. 그런 기분이 들게 해서 미안해요."

이렇게 말하지 않는다: "알코올 중독자의 손녀딸에게 뭘 더 기대하겠어!"

5. 화났을 때 상대방의 신체적 약점을 공격하지 않는다. 비밀스러운 이야기나 부당하게 부모와 비교하는 것과 더불어, 신체에 대한 몰인정한 지적도 허락되지 않는다.

이렇게 말한다: "여기에 대해서는 할 말이 없네요."

이렇게 말하지 않는다: "그 크고 뚱뚱하고 사마귀투성이 매부리코 좀 내밀지 않으면 안 될까?"

위와 같은 내용이 우리의 제네바 협약이었다. 이런 내용을 포함하든지 않든지 각 부부들이 이런 목록을 가지고 있는 것은 싸움이 지나치지 않도록 하는 데 도움이 된다. 우리 남자들은 전쟁에서 이기려는 본능이 강하기 때문에 이런 '비장의 무기'를 사용하지 않는 것이 쉽지 않다. 그렇지만 유혹에 넘어가면 안 된다. 그 무기는 화학무

기다. 절대 사용하면 안 된다.

제네바 협약을 지킬 수 있는 방법이 있다. 누구든지 규칙들 중 하나라도 범하면 바로 그 자리에서 싸움에 지는 것이다. 이것을 철칙으로 지킬 것을 권한다.

소방 안전 전략 #3: 상세설명서대로 실제로 해 보자

성경은 상당히 구체적이며 모호하지 않은 지시들을 우리에게 한다. 이 지시에 따르면 '결혼 첫해'의 말갈등이 피 흘리기까지 싸우게 되는 전쟁으로 번지지 않는다.

1. "지식을 따라 너희 아내와 동거하고…… 귀히 여기라"[24] 남편을 향해 직접적으로 말씀하시는 이 명령을 따르지 않는다면 그 결과로 기도 응답이 끊어질 것이라고 말씀하신다. 믿기 어렵지만 사실이다. 아내를 무시하면 기도의 뚜껑이 닫힌다. 마치 우리 기도 '라디오'와 하나님 방송국의 주파수가 맞지 않는 것과 같다. 환경이나, 다른 사람이나, 성경을 통해 말씀하시던 하나님의 음성을 더 이상 들을 수 없다고 생각해 보자. 정말 생각만 해도 끔찍하다.

이 말씀은 또 아내를 '더 약한 그릇'이라고 표현하고 있다. 재미있는 표현이다. 그 의미는 이렇다. '약하다'는 말은 여자가 더 끈기가 없거나 훈련이 부족하다거나 하나님과의 관계가 약하다는 뜻이 아니다. 그 말은 여자만의 가치와 섬세함과 타고난 감수성을 뜻한다. 아내들에게만 주어진 이 독특한 '은혜' 때문에 아내들이 남편에게 해 주는 충고를 조심스럽게, 부드럽게, 사려 깊게 대해야 한다. 비교하자면 미식축구 경기를 운동장에서 상대선수와 몸을 마구 부딪치면서 하는 것과 매우 값비싼 고대 도자기가 전시된 곳에서 하는 것의 차이라고 할 수 있다. 그런 곳에서 공을 조금이라도 잘못 패스하는 날에는 어떤 일이 벌어질지 잘 알고 있기 때문에, 당신은 운동장에서 경기할 때와는 전혀 다르게 행동할 것이다.

2. "아내를 …… 괴롭게 하지 말라"[25] 사업상의 출장 중에 있었던 일이다. '홈메이드' 오트밀을 아침으로 맛있게 먹으면서 신문을 훑어보고 있었는데, 고함치는 남자의 목소리가 들렸다. 신문 위로 올려다보니 아버지처럼 보이는 한 젊은 남자가 아들의 얼굴에 대고 있는 대로 소리를 지르고 있었다. 나는 어이가 없었다. 식당 안이 갑자기 조용해진 것을 보니 나 혼자 그 상황을 본 건 아닌 것 같았다.

내가 생각한 것을 말하기 전에, 생각하지 않은 것을 먼저 말해 보자. 저렇게 심하게 야단을 맞는 것을 보니 아이가 정말 나쁜 짓을 했구나! 또 이런 생각이 든 것도 아니다. 불쌍한 아빠, 버릇없고 못된 망나니 같은 아들을 참고 사느라고 얼마나 힘이 들까? 저렇게 혼을 냈으니 아이도 이제 생각을 고쳐먹겠지!

진짜로 내가 생각한 것은 이런 것이다. 어떻게 저럴 수 있지? 아이를 저렇게 대하다니, 저런 남자는 감방에 쳐 넣어야 돼!

만약 남편이 아내를 그런 식으로 험하게 대한다면 어떨까? 사람들이 보지 않고 둘만 있다고 해도 몹시 보기 흉한 일일 것이다. 변명할 수 없는 일이다. 아내를 험하게 대하는 것은 항상 무조건 남자 잘못이다.

당신의 어조는 말갈등에서 벌어지는 일들과 전부 관련이 있다. 좋은 말이든 나쁜 말이든, 말하는 내용만큼이나 어조가 얼마나 중요한지 이미 알고 있을 것이다. 이렇게 자기변명을 하는 남자들이 있다. "저는 별로 난폭한 편이 아니에요. 단지 제 아내가 너무 예민하다구요." 그러나 그런 변명은 그 식당에서 소리치던 아버지의 변명처럼 구차한 것이다.

아내들의 예민함은 군인이 갖추는 표준 장비처럼 주어진 것임을 기억하자. 아내들은 남편의 어조에 매우 민감하게 반응한다. 그것이 여자다. 그리고 하나님께서 당신에게 아내를 주신 이유이기도 하다. 그녀는 당신의 가장 이상적인 동반자다.

소방 안전 전략 #4: 아내의 귀에 속삭이시는 하나님의 교훈을 놓치지 말자

키가 크고 잘생긴 남편이 매일 밤 8시면 백만 달러짜리 자기 집에 돌아온다. 매일 밤 그 시간에 들어오는 이유는 매일 단골 술집 바텐더인 레오나드를 만나고 와야 하기 때문이다. 아내에게 말한다. "나도 일찍 집에 들어오고 싶어. 하지만 내 일이 워낙 스트레스가 많은 일이라 약간의 알코올 없이는 견디기 힘들어서 그래."

성큼성큼 걸어 들어왔을 때, 그는 거창하게 준비된 고급 음식을 기대하고, 또 받는다. 아이들은 한 시간 전에 저녁식사를 마쳐야 하고 아버지 앞에서는 조심스럽게 행동해야 한다. 누구라도 화면이 큰 아버지의 TV를 보고 있으면 냉큼 다른 방에 있는 TV로 달려가야 한다. 그래서 아버지가 또 위성 안테나를 통해 스포츠 경기를 관람할 수 있어야 한다.

아이들이 버릇없이 행동하는 것은 모두 아내의 잘못임에 틀림없다. 왜냐하면 자기는 늘 집에 없었으니까 그렇다. 그래서 아내의 양육방식을 항상 나무라고 아내의 행동을 항상 감시한다. 아내는 늘 두려움 속에서 살아가고 남편은 너무나 불행한 삶을 살고 있다.

그의 아내가 이런 고백을 했다. "우리가 처음 결혼했을 때 남편 때문에 어떤 느낌이 드는지 말하고 싶었어요. 사실 남편이 자기 아버지가 어머니와 자신을 대하셨던 그대로 행동하는 걸 알고 있어요. 남편은 자기가 어렸을 때 배운 대로 행동하고 있는 거예요."

이 여자는 결혼한 뒤 20년 동안 남편을 부드럽게 대하기 위해 노력해 왔다. 거친 말은 그녀가 원하는 것이 아니다. 이미 너무 많이 놀랐을 뿐이다. 그녀의 가장 친한 친구는 그녀가 남편에게 사랑스럽고 부드럽게 호소하는 것을 보아 왔다. 그러나 남자가 아내의 말을 듣지 못하는, 아니 듣기 싫어하는 고집 때문에 더욱 실패만을 맛볼 뿐이었다. 처음 결혼했을 때 아내의 말에 귀를 기울이지 않았기 때문에 결국 이 모양 저 모양으로 자신과 아내와 가정의 파멸을 낳았을 뿐이다.

위대한 인물들의 전기를 읽다 보면 거의 예외 없이 공통적으로 볼 수 있는 것이 한 가지 있다. 바로 강하고 지혜로운 아내들이다. 이런 아내들은 평생에 걸친 동반자가 되어 주고, 자녀를 낳는 것보다 더 많은 일들을 한다. 남편에게 현명한 상담자, 조언자 그리고 지지자가 되어 준다. 사람들로부터 공적으로 공로를 인정받는 경우도 간혹 있지만, 대부분은 그 유명한 남편과 무명의 아내가 사망한 후에나 아내들의 큰 공로가 인정을 받았다.

결혼 초기부터 당신의 성공을 아내보다 더 바라는 사람은 없을 것이다. 이런 관계를 결혼생활 안에서 형성해 가다 보면 필연적으로 서로 의견이 다르고 싸움도 하게 될 것이다. 그렇지만 마른 풀 위에 붙어서 들불을 일으키는 바로 그 불이 귀한 금속을 정련하는 데도 쓰인다는 사실을 알아야 한다. 공정하게 잘 싸우는 법과 아내의 말을 끊임없이 듣는 법을 배운다면, 하나님께서는 아내와의 덤불에 붙은 불을 사용하셔서 결혼생활의 51퍼센트 지분을 가진 당신을 다듬어 가실 것이다.

9장
돈
웅크린 호랑이, 숨어 있는 위기

> 부부가 재정 문제를 상의하지 않는다면
> 결국 아무것도 상의하지 않는 것이다.
> 래리 버케트, 경제 상담가

가끔 TV에서 유일하게 볼 만한 가치가 있는 방송이 디스커버리 방송인 것 같다. 그런 생각으로 바비와 나는 최근에 〈애완용 맹수(*Big Cats at Home*)〉라는 방송을 보게 되었다. 고양이과 맹수, 특히 사자와 호랑이 같은 커다란 고양이과 맹수들을 좋아하는 사람들이 미국 곳곳에 살고 있었다. 크지 않은 어린 맹수들은 보기에 즐겁다. 귀엽고, 재미있고, 별로 위험해 보이지 않는 '큰 고양이 새끼들'이 자녀들과 함께 거실에서 뒹군다.

그러나 이 아기 고양이는 결국 자라난다. 더 이상 '귀엽고, 재미있고, 별로 위험해 보이지 않는'이라는 수식어가 어울리지 않는다. TV에서 보면 맹수가 뒷마당 울타리 안에서 어슬렁거리며 걷는 모습은 멋있어 보인다. 그렇지만 날카로운 발톱, 번쩍거리는 이, 숨어서 덮칠 기세를 갖춘 맹수들이 바로 이웃에 있다면 아마 생각이 달라질 것이다. 겁에 질린 이웃들이 그 큰 고양이를 없애도록 강제력을 행사하려 해도, 놀랍게도 호랑이나 사자를 집에서 키우는 것을 금지하는 법이 없다. (TV에서 보여 준 어떤 '집 고양이'는 230킬로그램이 넘게 나가는 것도 있었다. 정말 대단한 고양이다)

물론 TV에서 이 커다란 고양이에 관한 꽤 오싹한 장면도 보여 주었다. 특히 호랑이는 약을 올리지도 않았는데도 느닷없이 사람을 공격하거나 심지어 주인을 물기도 한다는 것이었다. 방송에서는 사람들이 공격당하기 전과 공격당한 후의 끔찍한 모습을 비교해서 보여 주었다. 목숨을 잃은 사람도 있었다.

그 방송은 이런 냉엄한 결론을 내리면서 끝났다. 만약 호랑이나 다른 맹수들을 키우고 싶다면 정말 두려움을 가지고 대해야 한다. 그리고 항상 우리에 가두어 두어야 한다. 호랑이들은 예고 없이 당신을 공격할 수 있고, 그렇게 되면 반드시 심각한 부상을 입게 될 것이다.

주의: 돈—당신의 책임으로 진행된다

호랑이와 돈은 비슷한 점이 참 많다. 둘 다 매우 아름답다. 사람들은 그것들이 할 수 있는 일들, 즉 서커스의 불타는 링을 건너뛰는 모습이나, 독일제 세단 스포츠카를 시승하는 즐거움과 같은 일들을 입을 벌리고 바라본다. 또 둘 다 매우 매혹적이다. 그리고 둘 다 울타리를 단단히 치지 않으면 매우 위험하다.

그리고 결혼 첫해에 대한 이 책에서 돈의 위력과 위험을 논해야

하는 이유는, 아내와 남편이 돈에 대해 상당히 다른 견해를 가지고 있을 수 있기 때문이다.[26]

- "저 큰 고양이가 분명히 순식간에 사슴에게 달려들어 목을 물어 죽일 거야."
- "호랑이가 너무 귀여워. 아가야, 이리 온."

당신이 호랑이를 길들일 수 있다고 생각할지도 모르겠다. 하지만 이 말을 믿어야 된다. 절대 그럴 수 없다! 결혼 첫해에 해야 할 일은 돈이라는 이 큰 고양이과 맹수를 애완용으로 길들이려 하지 말고 울타리에 넣어야 한다는 것이다. 호랑이가 너무 커 버려서 위험해지기 전에, 아직 작을 때에는 울타리에 넣기 쉽다.

일단 호랑이를 우리에 가두고 나면 당신과 아내는 일생 동안 안전하게 그 아름다움과 힘을 즐길 수 있게 될 것이다.

돈이 하는 거짓 약속

돈의 매력은 물론 돈이 우리에게 해 줄 수 있는 것들에 있다. 사람들이 관광버스를 타고 큰 부자들이 사는 동네를 구경하는 이유도 바로 그것이다. 버스가 코너를 돌 때마다 여기저기서 탄성이 들려온다. 누군가 외친다. "와, 저기 저 집 정말 크다!"

"저 집 차고의 차 좀 봐!" 다른 사람이 소리친다.

나는 이 사람들이 12년 된 자기 자동차를 타고, 작고 보잘것없는 자기 집으로 돌아와서 무슨 말을 할지 궁금하다. 아마 이런 말을 하지 않을까? "그렇게 새 차를 타고 그렇게 멋진 집에서 살고 그것들을 가져 보면 정말 행복할 텐데."

바로 이 '관광객들'이 주말에 대형 쇼핑센터 계산대에 길게 줄을 서서 기다리다가 가판대에 놓인 주간 잡지 커버를 보게 된다. 그런데 잡지에 실린 그들이 보았던 그 '유명하고 부유한' 집주인들의 사진이 꽤 슬프고 고통스러워 보인다. 머리기사는 '별거 중' 혹은 '합의 중' 혹은 '불화' 혹은 '우울증 발작' 등이다. 기사들은 '중독'과 '갈등' 등을 소리쳐 외친다. 남자가 비행기를 갖고, 여자는 몬타나에 있는 별장을 갖는다. 남자가 자동차를 갖고, 여자는 보석을 갖는다. 아이는 누가 갖게 될까?

행복할 수도, 아닐 수도 있을 것이다.

우리가 아직 신혼일 때 우리 교회의 리처드 프리맨 목사님께서 주일 아침에 돈에 대해 설교하셨다. 목사님께서 교인들에게 '일 년 예산안'을 짤 것을 요청하시면서 '청지기 정신'까지 설교하셨을 때 사람들은 긴장했다.

그런데 프리맨 목사님은 내 머릿속에 영원히 각인될 만한 놀라운 사실을 말씀하셨다. "여러분께 가장 중요한 것이 무엇인지 정확하게 말해 주는 것이 있습니다." 목사님은 자신 있게 말씀하셨다. "여러분께서는 이미 적어 놓았습니다."

나는 그것이 무엇일까 너무 궁금했다. 증명해 보세요. 속으로 그렇게 말했던 것 같다.

목사님은 주머니에서 무언가 꺼내셨다. 그것은 목사님의 개인 수표책이었다. 목사님은 수표책을 들어올리며 손으로 넘기셨다. "제가 여러분들의 우선순위를 알 수 있는 것은, 이것이 바로 저와 제 아내 루이스 마리의 우선순위 리스트이기 때문입니다."

나는 그렇게 생각해 본 적이 없었지만 목사님의 말씀이 맞다는 것을 알았다. 우리가 돈을 쓰는 것이 바로 우리의 우선순위를 말해 준다.

다시 '정상적인 것'에 관하여

4장에서 우리는 가족 규칙에 대해 이야기했다. 당신과 아내가 자라면서 익숙해진 '정상적인 것'에 대해 생각했다. 돈에 관한 문제도 이것과 깊이 관련되어 있다. 만약 부모님께서 돈 문제로 다투는 것을 보고 자랐다면 그것이 당신에게 '정상적인 것'이다. 아버지께서 어머니를 믿지 못하시고 혼자 재정을 관리하셨다면 그것이 '정상'이다. 아버지께서 새 차를 사서 어머니를 '놀라게' 해 드리셨다면, 어머니께서 꼭 필요하지 않아도 취미생활처럼 쇼핑을 즐기셨다면, 부모님께서 카드 빚을 심하게 지고 사셨다면, 서로에게 돈에 관해 숨기셨다면, 항상 현금을 모았다가 무엇을 사셨다면…… 이 모든 것이 다 당신에게 '정상'이 된다. 그렇게 생각지 않게 몸에 익은 습관들이 결혼생활까지 자연스럽게 연장된다.

웅크리고 있는 호랑이

돈에 대해 언급하는 다른 이유 하나는, 결혼하기 전에 신랑 신부에게 돈이 문제가 되겠느냐고 질문하면 대부분 아니라고 대답하기 때문이다. 이렇게 말한다. "우리는 돈은 중요하지 않다고 생각해요. 서로 사랑하고 있으니까요." 얼마간은 이 호랑이가 부부에게 거의 해를 끼치지 않기 때문에 돈 문제를 거의 생각하지 않는다. 서로 사랑하는 기간이나 약혼 기간, 결혼식을 치르는 동안, 신혼여행 동안에 이 호랑이는 잠을 잔다. 그래서 울타리에 가둘 필요가 없다.

그렇지만 결혼하고 몇 달이 지나 이 귀여운 새끼 고양이 같은 동물이 잠에서 깨면 상황이 급변하기 시작한다.

- "할머니께서 주신 소파가 너무 보기 흉해요. 소파를 하나 새로 사야겠어요."
- "골프 회원권이 있으면 고객을 대접하기가 정말 쉬워요. 아무래도 하나 가입해야 할 것 같아요."
- "제 옷들은 정말 볼품없어요. 직장생활을 위해서 새 옷을 하나 사야겠어요."
- "식사 준비하기 정말 싫어요. 오늘도 우리 나가서 외식해요."
- "여보, 이것 좀 들여다보세요. 저축된 돈이 하나도 없잖아요. 이자도 하나 안 붙었어요."

당신 집의 호랑이가 너무 커 버려서 잡아매기 힘들어지기 전에 안전하게 우리에 가둘 수 있도록, 결혼 첫해에 세울 수 있는 '울타리 치는 습관'을 몇 가지 소개하겠다. 재정 문제를 잘 해결하고 싶은데 방법을 잘 모르는 사람들에게 도움이 될 것이다.

울타리 치기 #1: 예산을 세우고 그 안에서 생활한다

내가 젊었을 때 처음 재정에 관한 세미나를 들었던 것을 잊을 수가 없다. 세미나를 인도하던 강사는 론 블루라는 사람이었는데, 그의 고객 중에는 몇몇 유명한 그리스도인 지도자들과 내가 좋아하는 운동선수들이 있었다.

론은 마이크를 잡고 "고맙습니다."하고 인사하고는 "여러분들, 경제적으로 성공하는 비결을 알고 싶으시죠?"라고 질문하고 또 자기 질문에 답을 주었다.

"경제적으로 성공하는 비결은 바로, 오랫동안 쓰는 돈보다 버는 돈이 많으면 된다는 겁니다."

학생 몇 명이 킥킥대며 웃었다. 그렇지만 론은 전혀 웃지 않았다. 그 대신 사람이 꼭 가진 돈보다 더 쓰는 데서 모든 재정적인 고통이 시작된다고 설명했다.

"그런 일이 꼭 생깁니다." 그는 말했다. "착한 사람들한테도 일어납니다. 당신이나 나 같은 사람도 자기가 버는 것보다 더 많이 쓰면 그렇게 되고 맙니다."

수 백 년 전만 해도 자기가 가진 돈보다 더 많이 쓴다는 것 자체가 불가능했다. 세부 개척자들이 신용카드를 긁어서 외상으로 말을 산다는 걸 생각할 수나 있었을까? 그런데 지금은 신용카드 사용명세서를 받아 볼 때마다 '신용한도'를 보게 된다. 마치 이렇게 유혹하는 것 같다. "자, 이봐, 아직 쓰지 않은 한도가 많잖아. 자 어서 오라구. 남은 돈을 써야 하지 않겠어? 뭘 기다리고 있어?"

자기 손에 없는 돈을 쓰기 시작하는 것은 론 블루의 기본규칙을 깨는 것이다. 그러면 재정적인 안정을 얻지 못하게 될 것이다.

수입 내에서 지출하는 가장 좋은 방법은 예산을 함께 세우는 것이다. 부부가 함께 말이다. 바비와 내가 결혼 초에 그렇게 할 수 있었으면 정말 좋았을 것이다. 함께 예산을 세우기 시작하면서 돈 문제로 서로 힘들어 하고 싸우는 일이 정말 줄었다. 게다가 함께 예산을 세우면 상호간의 신뢰가 높아진다. 나는 아내에게 재정적인 설명을 하지 않는 남자는 누구에게든 무엇이 되었든 책임감이 적은 사람임을 발견하게 되었다. 충실하게 예산을 세우는 일의 장점은, 예산에 따라 지출하면 부부가 재정문제로 싸우는 일을 피할 수 있다는 것이다. 실제로 예산이 부부 사이의 심판이 되어 준다.

예산(혹은 지출계획)을 세우는 데 도움이 필요하면 시중에 좋은 컴퓨터 프로그램이 많이 나와 있다. 매달 지속적으로 실행에 옮긴다면 지출을 통제할 수 있을 것이다.[27]

울타리 치기 #2: 돈에 관해서는 아내가 예리한 시각을 가지고 있음을 명심한다

이제 막 결혼을 앞두고 있는 이 젊은 예비신랑은 한참 잘못 생각하고 있었다. 이 남자의 예비신부는 영리하고 재능이 많고 부유하고 명문 대학을 졸업했다. 그런데 결혼예비상담에서 이 예비신랑은 재정문제는 자기가 알아서 하겠다고 말하고 있다. 그는 아버지가 아이를 혼내는 목소리로 그녀에게 말했다. 그는 자신이 갖고 있는 재정계획을 다음과 같이 못박으면서 상담자를 기죽게 했다.

- "아내 될 사람은 돈에 관해서는 몇 가지만 이해하고 있으면 돼요."
- "저는 매달 얼마만큼의 용돈을 줄 거예요. 용돈을 다 쓰면 더 이상은 없어요."
- "우리가 결혼을 하고 나면 아내가 지금까지 쓰던 대로 돈을 마구 쓰게 놔두지 않을 거예요. 우리는 이미 그것에 대해 이야기를 나누었고, 아내 될 사람도 잘 이해하고 있어요."

이 남자는 아내 될 사람이 돈에 대해 훌륭한 관점과 지혜를 가지고 있다는 생각을 조금도 못하고 있다. 그리고 사실은 자신에게 아내를 통제하려는 얄팍한 의도가 있다는 생각도 못하고 있다. 그리고 그런 식으로 아내를 조종하려 한다면 결국은 아내의 마음이 멀어져 버릴 것을 전혀 모르고 있다. 아내가 남편에게 가는 곳도 남기지 않고 떠날지도 모른다.

젊은 신랑들이 가장 실수를 많이 하는 것이 바로 돈에 관한 문제다. 여기 꼭 기억해야 할 사실이 있다. 아내에게 아이를 다루듯이 돈 문제를 말하면 아내는 자신보다 돈이 더 중요하다고 믿어버릴 것이다.

결혼 초에 아내 바비와 나는 돈 때문에 심한 갈등을 겪었다. 우리는 청소년 상담자의 적은 봉급으로 생활을 해야 했고, 아내는 비교적 넉넉한 가정에서 자랐다.

나는 "안 돼. 우리 형편에 그건 살 수 없어."라고 항상 말할 수밖에 없었다.

아내는 나와 싸우려 한 것이 아니라 단지 우리의 재정 형편을 이해하지 못한 것뿐이었다. 그래서 아내에게 재정을 맡겼다. 계속해서 이것은 되고 저것은 안 된다고 설명하기보다는 아내 스스로 상황을 파악할 수 있기 때문이었다.

결과는 대만족이었다. 아내는 적은 재정으로 사는 데 너무 익숙해져서 이제는 내가 돈을 쓰는 걸 매처럼 매섭게 노려보고 있다. 우리가 결혼 첫해에 가장 크게 싸운 것은 내가 아내 허락 없이 제임스 테일러의 포크 음반을 산 것이었다. 럭비공을 들고 도망가던 일은 또 어땠던가!

울타리 치기 #3: 부모님으로부터 경제적인 도움을 받는 것을 조심하자

당연히 부모님들께서 우리보다 돈이 더 많은 경우가 많다. 부모님들은 자식들을 정말 사랑하셔서 가장 좋은 것을 주고 싶어 하신다. 그래서 부탁을 하든 않든 돈을 빌려주고 싶어 하시는 것은 이해가 된다. 조심하자.

내가 하고 싶은 말은, 아주 친한 친구들이 있다고 생각해 보자는 것이다. 그 친구 중 하나가—헤럴드라고 불러보자—은행에서 근무한다. 헤럴드와 당신은 정말 좋은 친구이고 함께 있으면 항상 마음이 편하다. 그리고 그 친구도 그렇게 생각한다.

그러던 어느 날 새 차를 한 대 사야 했는데 돈이 모자라 친구 헤럴드에게 전화를 걸게 되었다. 몇 시간 후 은행으로 대출을 받으러 간다. 헤럴드는 사무실에서 당신을 보자 바로 수표를 건네준다. 해럴드도 친구에게 대출해 주는 것을 매우 기뻐하고 있다. 돈을 대출하는 데 나쁜 의도는 전혀 없었다. 그런데 대출 서류에 서명을 하고 대출금을 손에 쥐는 순간, 무언가 이상한 느낌이 들었다. 그게 무슨 느낌이었는지 몇 주 동안 알 수가 없었다. 그러다가 문득 떠오르는 생각이 있다. 헤럴드는 가장 친한 친구였고 항상 그 친구와는 즐거운 일밖에는 없었다. 그런데 지금 나는 헤럴드에게 빚을 지고 있다. 그는 내 서명이 들어 있는 대출 서류를 손에 쥐고 있다. 그 친구는 채권자이고 나는 채무자인 것이다.

당신이 좋아하든 않든 헤럴드와 당신의 관계는 변했다. 그 빚을 다 갚을 때까지, 혹은 영원히 변할 수도 있다. 둘은 순수하고 편안한 친구관계였다. 그런데 이제는 채권—채무자다. 고대 이스라엘의 솔로몬 왕은 이런 말을 했다. "부자는 가난한 자를 주관하고, 빚진 자는 채주의 종이 되느니라"[28]

배우자의 부모에게 의존하지 않으면서 돈독한 관계를 맺는 것은 이루어야 할 아주 중요한 과제 중 하나다. 그러나 가끔 매우 힘든 일이기도 하다. 그리고 아내도 당신 부모님과 동일한 관계를 맺을 수 있어야 한다. 물론 부모님의 돈을 빌리고도 관계에 영향을 받지 않을 수도 있다. 또 사위에서 채무자로 자신의 상황이 변한 것이 아무것도 아닐 수도 있다. 그렇지만 아마 변할 것이다.

최후의 수단으로 부모님의 돈을 빌리기로 한다면, 갚을 계획을 종이에 써서 분명하게 세우고 꾸준히 실천하자. 가능한 한 빨리 갚자. 부부가 함께 솔직하게 말하자. 그렇게 하지 않으면 이런 채무관계가 좋은 관계를 (말 그대로) 해칠 수 있다.

부모님의 돈에 대해 한 가지 더 할 말이 있다. 부모님께 용돈을 받을 때도 조심하는 것이 좋다. 친한 친구 하나가 크리스마스에 아내의 부모님으로부터 용돈을 받았다. 봉투에는 이런 메모가 남겨져 있었다. "아빠와 나는 너희가 컬러 TV를 사는 데 이 돈을 보탰으면 좋겠다."

그때는 1970년대 초였기 때문에 컬러 TV 가격이 약 500달러 정도였는데, 보내 주신 돈은 겨우 100달러였다. 결국 그 친구는 크리스마스 선물을 사는 데 400달러의 돈이 들어갔다! 부모님께서 방문하셨을 때 컬러 TV가 없다면, 과연 마음이 편할까? 정말 멋진 크리스마스 선물이 아닌가!

론 블루는 부모가 결혼한 자녀에게 주는 선물에 대해 현명한 조언을 해 주고 있다. 자식들이 감당할 수 없는 선물은 안 된다. 그는 "자식에게 생활 방식을 만들기 위한 돈을 주지 마세요."라고 말한다.

다른 말로 하면 자식이 유지할 수 없는 생활 방식을 강요하는 돈을 주지 말라는 것이다. 500달러짜리 컬러 TV를 사라고 100달러를 주는 것이 아주 좋은 예이다. 또 감당할 수 없는 주택 융자 할부금도 안 된다.

론과 그의 부인 주디는 결혼한 자녀들에게 가전제품을 사 주었다. (누가 좋은 세탁기나 건조기가 필요하지 않겠는가?) 그는 주택의 원금을 갚아 주거나 자녀들을 위한 교육비를 저축하게 하는 것 등은 좋은 항목이라고 말한다.

울타리 치기 #4: 아내를 동업자로 대한다

아내가 재정을 관리하든 안 하든 이 사실 하나는 분명하다. 아내를 경제적인 전략에 함께 참여시키는 것은 아내를 존중하게 될 뿐 아니라, 자기 자신에게도 아주 좋은 일이다. 아내의 안목은 정말 귀하기 때문이다.

1986년에 마이크 하야트와 내가 함께 출판업을 시작했을 때 우리는 가지고 있는 모든 것을 담보로 잡히고 대출을 받았다. 더 이상 자본금을 '내 돈' 혹은 '마이크의 돈'이라고 할 수 없다는 생각에 정말 두려웠다. 이제 그 돈은 '우리 돈'이었다.

우리는 경제적인 결정은 함께 내렸다. 만약 마이크와 상의하지 못하고 새로운 마케팅 전문가를 영입하거나 새로운 컴퓨터 프로그램을 사야 할 경우, 번거롭더라도 이런 메시지를 꼭 남겼다. "동업자인 당신 없이 이런 중요한 결정을 하게 되었습니다."

아내를 이렇게 사업상의 동업자인 것처럼 여겨야 한다. 지출과 투자에 관해 전략을 함께 고민하자. '내' 돈 혹은 '당신' 돈이라는 표현을 쓰지 않도록 조심하자.[29] 어느 날 아기가 생겨 아내가 전업 주부가 되기로 결심을 한다면 모든 돈은 '우리 돈'이 될 수밖에 없다. 굳이 그 날이 오기까지 기다릴 필요가 있을까? 당장 '동업계약'을 맺자.

울타리 치기 #5: 기부금을 정기 예산에 넣는다

돈을 쓰는 방식은 내가 무엇을 정말 중요하게 생각하는지를 단편적으로 보여준다. 한번 훑어보기만 해도 내가 가장 귀하게 생각하는 것이 무엇인지 쉽게 알 수 있다. 우리 교회에 내는 헌금이나 다른 중요한 기부금들은 돈이 조금만 더 생기면 하겠다고 생각하기 쉽다. 그렇지만 바비와 내가 경험으로 깨달은 것은, 일찍부터 나누는 습관을 들이지 않았다면 나중에도 하기 어려웠으리라는 것이다.

기부하는 일은 우리 부모님으로부터 물려받은 선물인 것 같다. 그런 것이 나에게는 정상적인 것이었다. 부모님은 항상 십일조를 드리셨는데, 매년 모든 수입의 10퍼센트를 항상 헌금하셨다. 바비와 나도 결혼 초에 재정을 결정하면서 매년 말에 헌금이나 기부금이 우리 수입의 10퍼센트를 넘을 것을 확실하게 해 두었다. 그렇게 해서 하나님의 특별한 축복을 받으려는 것이 아니라, 단지 그렇게 하는 것이 옳다고 배웠기 때문에 그렇게 했다. 그리고 창고지기가 되는 것 자체가 우리에게 보상이 된다는 것을 깨닫게 되었다. 성경이 이렇게 말하는 것도 그것 때문이다. "주는 것이 받는 것보다 복이 있다"[30]

결혼 첫해에는 기부금을 겨우 감당할 수 있었지만, 나누는 것이 생활 패턴이 될 수 있었음을 감사한다. 결혼 첫 해에 기부하는 것을 전략적인 결정으로 삼고 적은 돈으로 생활하는 것이, 나중에 많은 돈을 갖게 되었을 때보다 쉽다. 일 달러에 10센트를 내는 것이 백만 달러에서 10만 달러를 내는 것보다 쉽기 때문이다!

만약 집을 담보로 한 융자금을 내지 않는다면 은행에서 집을 경매에 붙일 것이다. 차 할부금을 내지 않으면 자동차회사에서 차를 견인해 가 버릴 것이다. 그러나 교회에 헌금을 하지 않거나 선교사에게 후원금을 보내지 않으면 그들이 조용히 고통당할 것이다.

일단 돈을 쥔 손을 펼치는 일은 모든 것이 자신에게 주어진 선물임을 기억하게 한다. 그래서 교회에서 재정관리를 창고지기 사역이라고 부르는 것이다. 창고지기는 결코 '소유'하지 않는다. 다른 사람의 재산을 맡아서 관리하는 것뿐이다. 열린 손은 돈이 축척해야 할 재물이라기보다는 다른 사람들과 함께 나누어야 할 축복임을 잊지 않게 해 줄 것이다.

게다가, 손을 움켜쥐면 많은 것들이 그 사이로 빠져나가 버린다.

울타리 치기 #6: 한도 내에서 '개인을 위한 돈'을 갖는다

내가 정말 존경하는 사업가와 전화를 하고 있었다. 그 친구는 150년 된 다국적 회사에서 큰 부서를 책임지고 매우 성공적으로 경영하고 있었다. 그 친구는 매번 자신이 하고 있는 일을 매우 좋아한다고 말한다.

통화하는 가운데 자기 재량껏 지출할 수 있는 한계에 대해 이야기하게 되었다. 우리는 그 부서에 좋을 것 같은 투자에 대해 상의하고 있었다. "그 문제는 CEO에게 상의해야 할 것 같은데요." 그가 말했다. "십만 달러면 내가 재량껏 투자할 수 있는 한도를 넘거든요."

그 친구는 회사 방침을 매우 좋아한다. 왜냐하면, '한계 금액' 안에서 자유롭게 투자할 수 있는 권한이 주어져 있기 때문이었다. 일정 한도 내에서 자신의 기업가적인 본능대로 일할 수 있다는 것이 일에 대한 영감을 일으키고 동기를 부여한다.

마찬가지로 결혼 초기에 배우자의 허락 없이 쓸 수 있는 금액을 정하는 것이 좋다. 10달러, 100달러, 혹 더 될 수도 있다. 또 '한계횟수'도 정하자. 일주일에 한 번, 한 달에 두 번, 편리대로 부부가 합의해서 정할 수 있다. 이 돈은 재정에 어려움을 주지 않으면서도 부부를 자유롭다고 느끼게 한다. 밖에 나갔을 때 마음에 드는 물건이 있으면 부부간에 합의한 한도 내에서 자유롭게 살 수 있어서 좋다.

마크와 수잔도 막 결혼한 부부들에게 이와 비슷한 조언을 하고 있다. '결혼보험료(Marriage Insurance Premium—MIP)'라고 이름을 붙였는데, 배우자의 허락 없이 쓸 수 있는 돈을 따로 두라는 것이다. MIP자금을 갖는 것은 부부 각자가 재량대로 소비할 수 있는 자유를 갖게 하고, 자신만의 스타일과 개성에 맞게 사용할 수 있는 여지를 갖게 한다. 그런 것이 없으면 부부는 서로에게 구속당하고 억압받는 느낌을 받게 될 것이다.

울타리 치기 #7: 자족하기를 배운다

결혼 초에 내게 어떤 사람이 돈을 더 많이 번다고 더 행복해지지는 않는다고 말했다면 나는 아마 크게 웃었을 것이다. 물론 돈과 행복의 상관관계에 관한 그런 흔한 말을 익숙히 들어왔지만, 나는 믿을 수 없는 어리석은 말이라고 생각했었다.

우리 부부는 몇 년 동안 함께 살아오면서 주위의 몇몇 친구들이 큰 재산을 모으는 것을 보아 왔다. 어떤 친구는 어마어마한 부자가 되기도 했다. 또 우리는 '부자들'을 많이 만나 왔다. 그중 몇 사람은 갑부라고 말할 수 있다. 우리 부부는 지금껏 그들을 지켜보면서 한 가지 사실을 발견하게 되었는데, 지금까지는 단 한 번의 예외도 없었다. 즉, 부자가 되기 전에 행복했던 사람들은 부자가 되서도 여전히 행복해 보였다. 그런데 돈이 많아지기 전에 행복하지 못했다면, 돈이 그런 상황을 변화시키지는 못했다.

나는 20살이었을 때 39명의 친구들과 함께 자전거로 미국 대륙을 횡단했다. 태평양과 대서양 사이에는 수만 킬로미터라는 거리가 놓여 있었다. 내가 서부의 그 거대한 괴물 같은 산등성이들을 오르면서 들었던 생각 하나는, 굽어진 길을 돌아서 이 등성이를 지나고 나면 정상이 나타나리라는 것이었다. 그러나 굽이를 돌고 보면 여전히 앞에는 더 올라야 할 산이 있었다. 최정상에 오른다는 것은 끊임없이 계속되는 숙제 같았다.

행복해지기 위해 오르는 길은 그 끝이 없다. '정말 원했던 것'을 마침내 가져도, 당신의 작은 자전거는 산등성이의 언덕을 돌아 오를 것이고, 여전히 다른 '저것만 가질 수 있다면'이 또 기다리고 있다. 이 산은 결코 정상에 오를 수 없다.

그러면 어떻게 해야 할까? 숨을 한번 깊이 들이쉬고, 무엇을 얻는다는 것은 성취할 수 있는 목표라기보다는 다람쥐 쳇바퀴와 비슷하다는 사실을 깨달아야 한다. 성공했다기보다는 제자리를 돌고 있는 기분이 들 것이다. 이 사실을 이해하고 받아들이고 나면 만족에 이르는 여행을 시작할 수 있을 것이다.

울타리 치기 #8: 돈은 가치중립적인 물질이다

서점에 가면 기독교 서적 중에서 돈에 관해 말하고 있는 책들을 발견할 수 있다. 어떤 책은 돈이, 특히 많은 돈을 갖는 것이 매우 나쁘다고 말한다. 반면에 하나님께 순종하는 보상으로 많은 돈을 받을 수 있다고 말하는 책도 있다. 왜 이처럼 정반대의 견해가 생기는 것일까? 두 관점 모두 자기가 기독교적인 관점이라고 주장한다.

바로 여기 핵심을 찌르는 말씀이 있다. "돈을 사랑함이 일만 악의 뿌리가 되나니 이것을 사모하는 자들이 미혹을 받아 믿음에서 떠나 많은 근심으로써 자기를 찔렀도다"[31]

물은 중립적인 물질이다. 야구경기를 한 뒤에나 동네에서 조깅을 하고 난 뒤에 갈증으로 타는 목을 축일 수 있다. 그러나 사람이 물에 빠져 죽기도 한다. 야구방망이도 중립적인 물건이다. 타자가 방망이를 멋지게 휘둘러 야구장 한가운데를 날아 울타리를 넘어가는 통쾌한 홈런을 쳐서 경기를 승리로 이끌 수도 있고, 악당이 휘둘러 사람을 죽일 수도 있다.

돈도 중립적인 물질이다. 좋은 일에 사용될 수도 있고, 사람을 파멸로 이끌 수도 있다. 돈 자체가 변하는 것이 아니라 돈을 사용하는 방법이 그렇게 만든다. 돈에 대해 타협할 수 없는 것은 다음과 같다.

- 돈을 사랑하지 말고 사용한다. 사용하되 현명해야 한다.
- 자신이 가진 돈보다 더 사용하지 않는다. 적당한 주택 대출 외에는 빚을 지지 않는다.
- 아내와 함께 재정을 상의한다.
- 할 수 있는 한 좋은 곳에 나눈다.

좋은 힘이든 나쁜 힘이든 돈이 가진 힘을 존중하면서 얼마의 돈이 되었든 열린 손으로 돈을 다루자. 울타리 속에 가둬 둔 호랑이는 정말 멋지다.

10장
섹스
경기 시작

> 내가 심히 기이히 여기고도 깨닫지 못하는 것 서넛이 있나니
> 곧 공중에 날아다니는 독수리의 자취와 반석 위로 기어다니는 뱀의 자취와
> 바다로 지나다니는 배의 자취와 남자가 여자와 함께한 자취며
> 잠언 30장 18, 19절

"두 분 다 눈을 감고 상대방에 대해 성적인 환상을 가능한 한 많이 떠올려 보세요."

마크와 수잔은 기억할 수도 없이 많은 결혼 예비상담을 해 왔지만, 자신들이 받은 결혼 예비상담에서 들었던 이 질문을 잊을 수가 없었다. 그렇지만 그런 질문은 그리 놀랄 만한 일도 아니었다. 이미 그 목사님은 사람을 잘 놀라게 하기로 소문난, 예수님을 생각지 못한 방법으로, 생각지 못한 곳으로 모시고 오는 놀라운 능력을 가진 목사님이셨기 때문이다.

"60초 드리겠습니다." 목사님이 말씀하셨다.

마크는 목사님께 순종하는 기꺼운 마음으로 눈을 감고 생각하기 시작했다. 그런 질문을 받은 수잔은 어떻게 하고 있을지 관심 가질 상

황이 아니었다.

"시간이 됐습니다!" 목사님이 힘차게 소리치셨다. 마크는 목사님을 바라보자니 교회 안에서, 그것도 목사님 방에서 방금 자신이 한 생각에 조금 머쓱해졌다.

"이제 무슨 일이 벌어졌는지 제가 한번 이야기해 보겠습니다." 목사님이 말씀하기 시작하셨다. 다행히 마크에게 방금 머릿속에 무슨 생각들이 스쳐갔는지 질문하지 않고 넘어가셨다.

목사님은 마크를 지적하며 계속 말씀하셨다. "방금 이 젊은이는 스물에서 서른 가지 다양한 일을 생각했습니다. 그러나 아내 될 여성은 그중에 하나를 생각해 내기 위해 애쓰고 있습니다." 마크는 수잔의 안색을 살폈다. 얼굴이 불그레해지면서 부끄럽게 웃는 것이 목사님 말씀이 맞다는 표정이었다.

그 순간 마크는 우리가 이미 알고 있는 것을 깨달았다. 남편과 아내에게 보이지 않는 곳, 즉 머리와 가슴속의 차이에 비하면, 눈에 보이는 신체적 차이는 아무것도 아니라는 것이었다.

흐리멍텅씨를 만나다

그 후로 몇 년이 지나 마크는 결혼한 지 3개월밖에 되지 않은 신혼부부와 상담을 하게 되었다. 이 부부는 시간을 맞추기 어려워 결혼 예비상담을 다 마치지 못했다. 그래서 마지막 다섯 번째 상담은 결혼하고 나서 몇 달 후에 갖게 된 것이다.

이런 상담에서 마크는 부부가 서로 만족하는 성생활을 갖게 되는 일반적인 과정과 그 힘에 대해 말한다. "대체적으로 성관계에 관하여 남자들이 아내에 대해 오해하는 경향이 있습니다." 마크가 말했다. "남자들은 자기가 만족하기 때문에 아내들도 만족할 거라고 생각하지요."

마크의 말에 신부는 동감하면서 고개를 끄덕였다. 여자는 마크의 이야기가 너무너무 잘 맞는다고 생각하고 있는데, 신랑은 점점 주의를 다른 데로 돌리고 있었다. 책상 위의 가족사진을 들여다보고 책꽂이에 놓여 있는 성경주석을 쳐다보았다.

참다못한 아내가 말했다. "당신 상담 선생님 말씀을 듣고 있는 거예요?" 남편의 태도가 마음에 들지 않는다는 것을 알리려고 일부러 날카로운 목소리로 말했다.

"아니, 그런데 여보." 남자는 허세를 부리며 대답했다. "우리가 정말 이런 문제를 여기서 말해야겠어요?" 남자는 아내를 보던 눈을 마크에게로 돌렸고 더욱 허세를 부렸다. 그가 한 다음 말은 어리석은 남자들의 허세를 적나라하게 보여 주고 있다. "저는요, 이 분야는 끝내주게 한다고 말할 수 있어요."

젊은 아내는 자리에서 벌떡 일어나더니, 남편의 얼굴을 빤히 쳐다보면서 이렇게 말했다. "당신은 당신 자신이 즐거워하는 법은 잘 알고 있겠지요, 아저씨." 여자는 딱 부러지게 말했다. "하지만 저에 대해서는 한참 더 배워야겠군요."

신랄하고 의도적인 침묵이 이어졌다. 마크는 아내의 말이 남편의 가슴에 사무치기를 바랐다. 남편 얼굴이 붉어지는 것으로 보아 아내의 말이 정곡을 찌른 것 같았다.

야구 경기에서 데리고 나가 주세요

솔직하게 이야기해 보자. 성관계는 말 그대로 상호관계다. 함께 몸을 섞는 것은 그리 복잡한 일이 아니다. 결혼서약서에 "조립할 필요 없음"이라고 써도 무관할 것이다. 그렇지만 아내들은 그것으로 충분하지 않다. 전혀! 턱없이 모자라다. 아내들이 만족하는 방식으로 정서적이고 신체적으로 결합하는 것은…… 완전히 새로운 야구경기다.

남자들은 6학년쯤 되는 청소년 시기부터 친구들과 '몇 루까지 밟았는지'에 대해 말하기 시작한다. 야구경기를 말하는 것이 아니다. 남자들이 여자친구와 1루를 밟았다고 농담하는 것들을 들어 보았을 것이다. 그리고 2루로 진출 등등……. 각각의 베이스가 어디까지를 가리키는지를 정확하게 말하는 사람은 없었다. 아마 손을 잡고 가볍게 키스하는 것이 1루인 것 같고, 딥키스가 1루에서 2루까지 달려가는 것, 아마 허리 위를 애무하는 데까지 이르면 확실하게 2루를 밟은 것이다. 3루까지 진출한다는 것은 성관계를 제외한 모든 애무를 말하고, 홈인은 궁극적인 성관계를 의미했을 것이다.

당신은 처음 이런 경험을 했을 때의 기분을 기억하고 있는가? 나이에 관계없이, 얼마나 많은 경험을 했는지에 관계없이, 모든 남자들에게 이런 '첫경험'은 아마 잊을 수 없는 경험이었을 것이다. 나는 청소년 시기에 대부분의 남자아이들이 이런 베이스 진출 사건들을 재미있게 말하는 것을 들었다.

잊을 수 없는 첫 출루

1루만 진출해도, 난생 처음 베이스를 밟는 기분은 정말 잊지 못할 경험이다.

우리 아버지께서 목사님이셨기 때문에 내게는 교회에 앉아 있는 것이 집에서 식탁 앞에 앉는 것만큼 흔히 있는 일이었다. 그래서 가족 외의 여학생을 만난 곳도 교회였다. 학생이 '사교 모임'을 갖는 것은 나쁜 일이었지만 교회는 달랐다. 나는 청소년 시절에 여학생에게 관심이 있었던 것을 기억한다. 항상 함께 앉아 있었고 함께 장난을 칠 수 있었다.

나는 교회에서 처음 여자아이의 손을 만져 보았다. 우리는 둘 다 팔짱을 끼고 있었고, 그래서 안쪽에 있는 손이 서로 닿았던 것이다. 여자아이 손이 거기 있었다. 내 가슴은 쿵쾅거리기 시작했다. 그리고 내 귓불이 빨갛게 달아오르는 것을 느낄 수 있었다. 온 몸이 간지러웠다. 나는 마치 1988년 월드시리즈의 첫 경기에 나온 커크 깁슨 선수가 된 것 같았다. 목사님께서 무언가 멋진 설교를 하고 계셨던 것 같은데, 내 귀에는 전혀 들리지 않았다.

그 느낌은 정말 놀랍고 생생했다.

한 베이스에 오래 있으면 지루하다

2000년 가을에 나는 처음으로 어린이 야구팀의 코치를 맡았다. 어린아이들에게도 처음 1루에 진출하는 것은 정말 신나는 일임에 틀림없다. 하지만 누가 그저 1루에 머물러 있기 원하겠는가? 2루를 향해 금방이라도 달려갈 태세로 한두 발 앞으로 나간다. 혹시라도 투수가 공을 잘못 던지게 되면 재빨리 2루로 달려가려고 유인하면서 말이다.

아주 간단하다. 일단 베이스를 밟으면 이제 그곳에 머무르는 것이 아니라 어떻게 해서라도 다음 베이스로 달려가는 것에 관심이 생긴다. 오랫동안 한 베이스에 머무는 것은…… 글쎄, 좀 지루하다.

베이스러닝 경험

일단 1루에서 어느 정도 시간을 보내면 다음에는 1루를 지나 2루로 재빠르게 달려간다. 그곳을 밟는다는 것은 그것을 경험했다는 뜻이다.

우리 딸들이 16세가 되면 나는 '싱글 데이트'를 허락한다. 한 남자 친구랑 하루 저녁을 데이트하는 것을 가리킨다. 남학생들은 '16세에 데이트할 수 있다는 규칙'을 알고 있기 때문에, 딸의 16세 생일이 가까워지자 남학생들이 계속 딸의 주위에 모여드는 것은 어쩔 수 없었다.

우리 집은 데이트할 수 있는 최소한의 나이에 대한 규칙뿐 아니라 다른 규칙도 하나 있다. 내 딸과 데이트를 원하는 남자는 반드시 나에게 면접을 보아야 한다는 것이다.³² 우리 둘째 딸 줄리의 첫 데이트 상대는 자기보다 두 살 많은 18세 남학생이었다. 스티브를 면접하면서 전에 오랫동안 사귄 여자 친구가 있었는지 물었다.

"네, 선생님." 그 친구가 대답했다.

"얼마나 오랫동안 사귀었지?"

"글쎄요, 약 1년 동안 사귀었었습니다."

줄리는 처음 데이트를 하는 것이었고 스티브는 어느 정도 베테랑이었기 때문에, 나는 그에게 베이스를 밟아 가는 속도에 대해 조용히 경고했다. "이것을 염두에 두게." 내가 말하는 동안 그의 관자놀이에서 땀이 흘렀다. "너무 빨리 그 여자 친구와 했던 것까지 줄리와 하면 안 되네. 내 딸 줄리는 오늘 처음 데이트하는 거니까."

"네 알겠습니다." 그 친구는 대답하면서 입술이 산소 부족으로 파래져 버렸다.

섹스에 대해 대화하는 법을 배우기

몇 년 전 마크의 상담실로 노부부가 걸어 들어왔다. 그 일이 비극적인 일이 아니었다면 처음 그 남편분이 꺼낸 말은 웃지 않을 수 없는 그런 말이었다. "우리 부부는 거의 몇 년간, 아마 10년은 됐을 겁니다, 육체적인 관계를 하지 않고 있습니다." 그 남편이 고백했다. "너무 문제가 심각해서 상담을 받아야겠다고 결심을 했습니다."

결혼이 파괴되는 것은 대개 비밀스러운 곳에서부터 시작된다. 다른 사람은 아무도 보지 못하는 곳에서, 남편과 아내도 말하기 꺼리는 곳에서부터. 그리고 바로 성적인 친밀함도 가장 흔히 문제가 되는 것 중 하나다. 많은 부부들이 모든 일에서 마음을 열고 대화하는 법을 배운다. 단지 성생활만 빼놓고 그렇다. 그것을 방치하여, 섹스가 자주 분노를 끓게 하고 좌절을 현실화하는 부분이 된다.

결혼 초기에 분명하게 자신의 욕구를 표현하는 법을 배워야 한다. 아내도 그렇게 할 수 있어야 한다. 관계하는 중에 비꼬라는 말이 아니다. "읽고 공부할 책 한 권 갖다드릴까요?" 이런 말은 생산적인 대화법이 아니다.

"여보, 오늘 저녁에 당신하고 사랑을 나누고 싶어요." 남편이 아침식사 시간에 편안하게 말할 수 있어야 한다.

"그렇게 말하면 저도 뜨거워져요."라고 아내도 억압하지 않고 기꺼이 응답할 수 있어야 한다.

이렇게 부부간에 솔직하게 (굳이 말로 표현하지 않더라도) 표현해야 한다는 말을 하면—특히 결혼 전이나 약혼 중에 있는 남자들이—"저는 그런 말은 정말 못할 것 같아요!"라고 말한다. 그러면 나는 결혼 첫해에 아내를 온전히 즐겁게 하기 위해 노력하라는 구약성경의 말씀으로 촉구한다. 아내를 즐겁게 하는 것이 무엇인지 물어보지 않고 어떻게 아내를 즐겁게 할 수 있다는 말인가?

문제의 해결을 위해, 다시 우리가 자란 가정과 정상적인 것에 관해 생각해 보아야 한다. 부모님께서 자녀들 앞에서 신체적인 사랑을 전혀 표현하지 않으셨다면 그렇게 하는 것이 정상이 된다. 부모님들이 서로를 부드럽게 만지는 것을 전혀 보지 못하고, 자기를 백합 꽃잎 속에서 데리고 왔고, 부모님들이 자신을 가족의 한 사람으로 태어나게 하기 위해 결코 그것을 하지 않았다면!

부모님께서 성은 더럽고 끔찍한 것이라고 말씀하셨다면 그것이 정상이 된다. 혹은 부모님들이 속옷차림이나 그보다 더 적은 옷을 입고 집안을 돌아다니셨다면, 부모님들이 다른 이성들과는 다정하게 말하지만 두 분은 그렇게 하는 것을 보지 못했다면, 어렸을 때 성에 대한 조언이나 교육을 전혀 받지 못했다면, 어머니께서는 성관계라는 말을 입에 담으실 수 없다고 확신한다면, 이런 모든 것들이 다 자신의 '정상적인 것'이 되어 있다.

먼저 자신에게 성적으로 정상적인 것을 알아야 한다. 건강한 생각이면 다행이고, 건강치 못하다면 새로 배워야 할 것이다. 그렇게 자신을 먼저 이해하고 나면 아내와 자유롭게 이야기할 수 있다. 아내가 당신의 말에 관심을 기울이고 집중할 확률은 분명 절반보다 높을 것이다.

야구 경기가 아니라 놀이터다

6학년 때부터 야구 용어로 배운 성은 잘못된 개념을 갖게 한다. 야구에서는 '탁 치고, 슬라이딩하고, 달려들고, 안타 치고, 부딪치고, 질주하고, 홈런을 치고 그리고 이긴다.' 그래서 우리는 성이 무엇인가를 하는 것이라고 생각한다. 타석에 들어서거나 팔을 휘두르며 공을 던진다. 누군가에게 무엇인가를 하는 것이다.

그러나 성을 놀이터로 이해했다면 더 바르게 알 수 있었을 것이다. 야구 경기로는 전혀 설명할 수 없었던 지식들은 다음과 같다.

다양함

놀이터에 놀이기구가 한 가지만 있는 경우는 없다. 학교 옆을 지나는데 시소만 열두 개 놓여 있고 다른 것은 하나도 없는 것을 상상할 수 있는가? 아니면 그네만 있거나, 정글짐만 있다면 어떤 생각이 들겠는가?

야구는 규칙이 있다. 수백 개의 규칙이 있다. 선수가 플라이 볼에 태그 아웃되는 것보다 달리는 게 더 좋다고 마음대로 규칙을 바꿀 수 없다. 스트라이크 세 개면 언제나 '아웃'이다. 거기에 융통성이란 없다. 사실 자유로운 것을 추구하는 사람은 그게 무슨 '게임'이냐고 할 지경이다.

놀이터의 재미는 다양함에 있다. 아내와의 성관계는 놀이터에서 놀이를 하는 것처럼 해야 한다. 하얀 선을 그어 놓고 양편에서 경기 하는 것처럼 하지 말자. 상황과 시간과 자세와 자리를 바꾸는 것은 전혀 규칙 위반이 아니다. 창의적으로 한다고 뭐라고 할 사람은 없다. 물론 놀이는 상대방이 즐거워하는지 항상 살펴야 한다. 항상 이것을 염두에 두는 것이 대단히 중요하다.

즉흥성

나는 정말 그 이유를 모르겠는데, 야구는 항상 정해진 시간에 시작한다. 그것도 이상하게 오후 1시 05분이나 저녁 7시 20분에 시작한다. 매 시즌이 시작될 때면 선수들은 앞으로 있을 6개월 동안 정확하게 누구와 어디서 경기할지 정확하게 알고 있다.

심지어 타석에 들어가는 순서도 엄하게 정해져 있다. 선수 개인이 하고 싶다고 아침 식사 전에 배팅 연습을 하거나 6이닝에 역기를 들어올릴 수 없다. 충동적이거나 자발적인 것은 들어설 여지가 없다.

그렇지만 아내와의 친밀한 관계는 야구와는 사뭇 다르다. 정기적으로 시간표를 정해 놓을 필요가 없다. 남편이 정해진 횟수를 채우라고 엄하게 요구할 수도 없고, 아내가 파업에 들어갈 특권도 없는 것이다.

웃음

야구 경기에서는 웃을 일이 별로 없다. 들리는 소리는 심판 머리 위로 응원하는 소리, 야유하는 소리, 고함치는 소리이고, 심지어 욕하는 소리까지 들린다. 그러나 웃음소리는 거의 들어 볼 수 없다. 어쩌다가 선수가 뜻하지 않은 엉뚱한 실수를 한다면 모를까. 그렇지만 만약 창을 열고 이웃의 북적거리는 놀이터를 본다면, 기쁘고 즐거운 웃음소리를 듣게 될 것이다.

건강한 결혼생활을 가장 잘 보여 주는 지표는 웃을 수 있는가 하는 것이다. 재미있는 코미디 영화를 보면서 부부가 함께 웃을 수 있는 것은 등뼈가 휘는 섹스만큼이나 중요하다. 사실 전자가 후자를 자연스럽게 끌어낸다고 말하는 여자도 있다.

마크와 내가 알고 있는 그리스도인 성 치료 전문가가 있다. 그녀의 말에 따르면, '150가지 성행위 체위가 있는데 그중의 두 가지만 빼고는 웃음 없이는 성공적으로 이루어내기 힘들다'라고 한다.

모두의 승리

놀이터에서 놀다가 들어온 아이가 엄마에게 이렇게 말하는 것을 들어 본 적이 있는가? "엄마, 오늘 저 그네타기에서 졌어요." 혹은 "엄마 저 회전목마를 타다가 친구에게 졌어요."라는 말 말이다. 놀이터의 아름다움은 그저 노는 게 목적이라는 것이다. 놀이터에서는 이기려고 상대방의 코를 납작하게 눌러 놓을 필요가 없다. 재미있게 노는 것이 목적이기 때문에 양편이 다 이긴다.

"오늘밤 제가 온전히 당신을 섬기겠어요." 잠자리에 들기 전에 남편이 아내에게 이렇게 말한다. "당신이 원하는 건 뭐든지 명령만 내리세요. 당신이 즐거워하는 것이 내 즐거움이에요." 만약 야구 경기라면 이 남자는 '패배자'가 될 것이다. 그러나 사랑을 나누는 일에서는 이 남자가 타격왕과 최우수 선수상을 받게 될 것이다.

물론 받을 상은 며칠 뒤 아내가 똑같이 조건 없는 사랑을 해주는 것이 될 것이다. 이것이야말로 원윈(win-win)전략이 아닌가![33]

가능한 임무: 멋진 성관계를 위한 아내의 비밀

야구에는 몇 가지 스릴 넘치는 순간들이 있다. 물론 1988년에 커크 깁슨이 날렸던 홈런 같은 것도 멋지다. 노히트노런 게임이나 트리플 플레이도 재미있지만 아주 드물다. 그렇지만 야구에서 내가 가장 좋아하는 것은 펜스를 넘기지 않는 러닝 홈런이다. 사실 새로 지은 경기장은 크기가 줄어서 그런 홈런을 보기가 점점 어려워진다.

야구를 그다지 좋아하지 않는 편이라고 해도, 안타를 친 선수가 홈으로 돌아오려면 모든 베이스를 다 밟아야 한다는 것쯤을 알고 있을 것이다. 그렇지 않으면 상대 선수가 이의를 제기하고 '아웃'될 수 있다.

좋다. 그 정도는 알고 있다면 선수가 외야 펜스를 깨끗이 넘기는 홈런을 쳐도, 그래도 모든 베이스를 다 밟고 홈으로 들어와야 하는 것도 알고 있는가? 1999년에 내셔널리그 챔피언 시리즈에서 애틀랜타를 상대로 싸우던 로빈 벤추라가 바로 이런 규칙을 생생하게 보여 주었다. 그는 연장전에서 만루에 오른쪽 센터필드 관람석으로 홈런을 쳤다. 그가 1루를 돌고 있는데 동료 선수들이 더그아웃에서 뛰어나와 그를 낚아챘다. 경기는 끝나고 멧츠가 이겼다. 그러나 로빈이 베이스를 다 돌지 않았기 때문에 '그랜드 슬램 일루타'라는 별명이 붙었다.

이제 결혼을 하고 나면 '홈 플레이트를 밟는 일'은 당연한 일이 된다. 이제는 타석에서 바로 3루로 돌아 홈으로 골인하고 싶다. 심지어 그저 타석에서 바로 홈 플레이트를 밟아 버리고 싶은 유혹이 든다. 그러면 타석에 들어설 때마다 점수가 나지 않겠는가!

자, 사실 그렇지 않다. 그것이 바로 마크의 상담실에서 새신부가 자기 신랑한테 하고 싶었던 말이다. 만약 남편이 세 루를 다 도는 기본적인 규칙을 생각하지 않고 꾸준히 행하지 않는다면 아내는 곧 흥미를 잃어버리고 말 것이다.

남자들에게 섹스가 주는 감격은 목적지에 도달하는 것이다. 그러나 아내들에게 그것은 여정이다. 여자들에게는—결혼을 해서 이미

'점수'가 있는 상태라도—베이스를 다 밟지 않으면 홈런을 친 것이 무효가 된다.

그렇다면 아내의 성을 만족시키기 위한 비결은 무엇이겠는가? "모든 베이스를 다 밟아라"인가? 그렇게 질문해 줘서 고맙다. (잠시 여자편의 167, 168쪽을 펴고 여자들이 '야구 게임'에 대해 어떻게 생각하는지 살펴보기 바란다.)

손길

학교에서 생물학 시간에 벽에 붙어 있던 실물 크기의 인간 신경계 조직도를 본 기억이 있는가? 사람의 뇌에서 시작된 신경조직은 강처럼 여러 지류로 나뉘면서 흐른다. 계속해서 작은 가지를 치면서 온 몸을 다 뒤덮고 있다.

가장 신경세포가 많이 모여 있는 곳이 어디였는지 기억할 수 있는가? 신경의 말단이 가장 많이 집중되어 있는 곳은? 지금 다루고 있는 성에 관련된 곳일까? 아니다. 정답은 바로 손가락 끝이다.

손길의 힘을 길게 이야기할 필요는 없다. 특히 여자는 마치 손가락 끝에서 가슴속으로 바로 직결되어 있는 것 같다.

많은 남편들이 성적인 맥락을 제외하고는 아내를 만져 주지 않는 실수를 한다. 그러면서 왜 여자들이 그런 손길들에 열광하는지를 모르겠다는 태도다. 여자들이 어디를 만져 주어야 좋아하는지가 우리의 야구 경기장에서는 전혀 나타나지 않는다는 것이 진실이다.

어떤 날은 머리를 빗겨 주면 좋아하고, 어떤 날은 목을 마사지해 달라고 하고, 또 어떤 특별한 날은 발을 문질러 주는 것이 가장 좋다고 한다. 만약 당신이 아는 성적 유희가 야구뿐이라면, 바로 스트라이크 아웃 당하고 말 것이다.

음악회나 차 속에서 손을 뻗어 아내의 손을 잡아 주자. 주차장에서 마트로 걸어 들어갈 때도 손을 잡고 들어가자. 식당에서 식사를 기다리며 마주보고 앉았을 때 손을 잡고 이야기를 나누자. 아마 결혼하기 전에 연애할 때는 분명 그렇게 했을 것이다. 그렇다면 지금도 그렇게 하지 않을 이유가 전혀 없다!

키스

나는 매춘부들의 규칙에 대해 별로 아는 바가 없지만, 많은 사람들에게 알려진 것이 하나 있다. 손님들이 요구하는 모든 행위가 가능하고, 생각할 수 있는 자세나 원하는 환상을 요구해도 문제가 되지 않는다. 그들이 돈을 받는 이유니까. 그렇지만 키스는 강하게 거부한다. 키스하는 행위는 사랑과 친밀함을 상호 교환하는 행위이기 때문에 다른 어떤 성행위와도 비교할 수 없는 일이라고 한다. 정말 놀랍지 않은가?

아주 많은 부부들이 결혼을 한 후에는 더 이상 키스하지 않는다. 결혼한 지 얼마 되지 않아도 벌써 그렇게 된다는 것을 느끼고 있을 것이다.

나는 정말 키스를 좋아하는 여자와 결혼을 했다. 생각만 해도 좀 피곤하다. 그렇지만 우리가 약혼을 했을 때 우리는―지어낸 이야기가 아니다—몇 시간 동안 키스만, 정말로 키스만 할 수도 있었다. 가끔 멈추기도 했는데(숨을 좀 쉬기 위해서), 그리고 결혼하고 나면 정말 얼마나 즐거울까 이야기하곤 했다.

"우리는 밤새도록 키스할 수도 있을 거예요." 아내가 그렇게 말했다.

나는 그럴 생각은 아니었지만, 그저 아내가 자기 생각에 취하게 내버려 두었다.

다음에 아내와 사랑을 나눌 때는 하던 것을 멈추고 아내에게 깊고 긴 열정적인 키스를 해 주자. 결혼해 달라고 청혼하면서 했던 그런 애정 깊은 키스를 아내에게 선사하자. 그러면 내 말이 맞는지 안 맞는지 알 수 있을 것이다.

대화

여기서 다시 말에 대해 이야기해 보자. 그러나 먼저처럼 성에 관한 솔직하고 자유로운 대화를 말하는 것이 아니다. "그렇게 하면 참 좋아요"라든가 "오늘밤 사랑하고 싶어"라는 솔직한 대화를 말하는 것이 아니다.

여기서 이야기하는 대화란 아내에게는 그 어떤 전희만큼이나 중요한 것이다. 부드럽고 단호하고 아내의 마음을 기쁘게 해 주는 그런 말이다. 조용한 분위기 가운데 아내들은 다음과 같은 말을 늘 들어야 한다.

- "당신 웃는 모습이 참 좋아요."
- "당신을 만나다니 난 정말 운이 좋아요."
- "세상에서 당신 눈이 제일 아름다워요."

일상적인 대화는 대부분 '할 일'에 관한 것들이다.

- "여보, 세탁소에서 양복 좀 찾아다 놓아 주세요."
- "저녁은 몇 시에 먹을 수 있지요?"
- "여보, 내 만년필 못 봤어요?"
- "여보, 목요일인데, 재활용 쓰레기 좀 버려야겠어요."

그렇지만 내가 염두에 두고 있는 부드러운 말들은 아내의 마음을 사는 것 외에는 다른 목적이 없다. 성취해야 할 목표도 없다. 단지 아내가 언제라도 다시 듣고 싶어 한다면 언제라도 말해 줄 수 있어야 한다.

이런 손길이나 키스나 대화가 (그 외에도 부부가 함께 발견하게 될 어떤 것이라도) 역사에 길이 남을 확실한 홈런을 치게 해 줄 것이다.

중압감과 거절: 뱅뱅 돌지 않기

부부가 경험하는 가장 흔하고 또 가장 파괴적인 패턴은 불필요한 중압감과 거절의 순환이다. 아직 그런 일이 없었다면, 곧 생길 것이다.

한 쪽에서는 유난히 욕구가 이는데 상대방은 아닐 경우가 있다. 그 결과 요구받는 쪽은 중압감을 느끼고 요구하는 쪽은 거절당하는 느낌을 받는다. 이런 상황은 정말 별로 유쾌한 상황이 아니다. 이런 갈등을 해결하지 않고 그냥 넘어가면 분노를 일으키고 결혼생활을 악화시키는 독소가 될 수 있다.

이런 패턴은 전혀 놀랄 일이 아니지만, 정말 놀라운 것은 이런 문제를 상의하는 부부가 거의 없다는 것이다. 더구나 상황을 진전시킬 대안을 전혀 찾지 못하고 있다. 많은 부부들이 뒷짐 지고 서서 저절로 해결되기만 바라고 있다. 그렇게 하는 것은 평생 고통스럽게 살아가겠다는 뜻이다.

대부분 쫓고 쫓기는 사람이 정해져 있는 편이지만, 그렇다고 항상 남자가 여자를 쫓아다니기만 하는 건 아니다. 역사적으로 늘 있어왔던 비아그라 같은 성적 자극제가 남자만을 위한 거라고 생각하는 사람에게는 의외일 것이다.

여기 도움이 될 만한 몇 가지 아이디어가 있다. 그렇지만 그저 단순한 가이드라인에 지나지 않기 때문에 애들 장난처럼 들릴 수도 있다. 기억하고 있는가? 규칙은 야구 경기에나 있다는 것을 말이다. 그래도 부부가 서로 마음에 상처를 주지 않고 즐겁게 성적 유희를 즐기는 데 도움을 줄 것이다. 완벽한 방법은 아니겠지만, 많은 부부들처럼 그저 "이런, 나는 어떻게 그냥 해결되길 바랬는데, 운이 좋으면!" 하고 생각하는 것보다는 나을 것이다.

'절대 싫다고 하지 않는' 이상형

대부분의 부부들이 섹스가 항상 좋을 거라고 생각하기 때문에 성에 대한 이런 의무감을 느낀다. "당신이 원한다면 언제든지 달려가겠소." 그러나 머지않아 경험으로 누가 원하고 누가 원하지 않았든 그렇게 할 수 있으면 참 좋겠다고 인정하게 될 것이다.

결혼 초에는 '결코 거절하지 않기'라는 원칙을 세우고 싶을 것이다. 그렇지만 그 법칙은 불변의 법칙이 아니다. 단지 배우자의 욕구를 만족시키고자 최선을 다하겠다는 결심에 불과하다.

이런 의무감을 느끼는 일은 마치 아내가 "여보, 오늘 저녁에 산책하고 싶어요."라고 말할 때, 나가고 싶지 않더라도 숨 한번 크게 내쉬고 신발 끈을 매는 것과 비슷하다. 그리고 이런 말을 덧붙이면서 말한다. "나도 당신하고 산책하고 싶어요. 그런데 괜찮다면 그냥 한 블록 정도만 걸으면 안 될까요? 오늘은 정말 피곤하거든요." 마찬가지로 상대방이 생각지 않은 때에 사랑을 나누고 싶어 한다면 이렇게 말할 수 있다. "사실, 30분간 레슬링 주경기를 뛰기는 힘들 것 같고, 그렇지만 간단하게 한다면 저도 좋아요."

만약 당신이 요구하는 쪽이라면 아내에게 아카데미 여우주연상을 받을 만한 연기를 기대하지 말아야 한다. "감정을 넣어서 하라고요, 여보."라고 요구한다면 나중에 당신이 불리한 입장에 놓이게 될 것이다.

답례

아무리 '절대 거절하지 않는다'라고 결심을 해도 아내가 싫다고 말하는 때가 꼭 있을 것이다. 우리는 야구 경기를 하는 것이 아니라 놀이터에서 놀고 있기 때문에 그런 상황을 자연스럽게 받아들여야 한다. 믿거나 말거나 언젠가 입장이 바뀌어서, 당신에게 아내의 그런 너그러운 이해가 필요할 때가 올 것이다.

침대 맡에 점수판을 걸어 두라는 말은 아니지만, 스스로 얼마나 좋다, 싫다 했는지 생각해 둘 것을 권한다. 이런 말을 들으면 물론 좋다. "여보, 계획에 있었던 것도 아니고 또 내가 클레오파트라처럼 느껴지지도 않지만, 좋아요. 하자구요."

"여보, 오늘밤은 싫어요."라는 말을 들을 때 중요한 점은 아내가 거절하는 것이 당신이 갑자기 전염병에라도 걸린 듯하다는 의미가 아니라는 점이다. 당신이나 아내가 관계를 갖고 싶지 않다면 그저 관계를 갖고 싶지 않다는 것뿐이다. 그 이상도 그 이하도 아니다.

만약 거절당하는 입장이라면 그것을 개인적으로 받아들이지 말자. 만약 거절하는 입장이라면 "미안하지만 오늘은 안 되겠어요."라고 부드럽게 말하는 것이 상대방의 입장을 고려해 주는 것이 될 것이다.

이 두 가지 가이드라인 외에 부부간에 서로 합의해서 놀이 규칙을 만들어 보자. 우리가 아는 어떤 부부는 서로 합의가 되지 않으면 '가위 바위 보'를 한다. 상대방이 너무 절실하게 원할 경우 손해 보는 쪽에서 '삼판양승제'로 할 수 있다. 이런 놀이터 규칙을 만드는 비결은 문제가 심각해지기 전에, 둘 다 편안하고 이성적으로 생각할 수 있을 때 해야 한다는 것이다. 함께 침착하게 문제를 풀어 가려 한다면 건설적인 생각이 자연스럽게 떠오를 것이다.

서로를 위해서 만드셨다

하나님께서 결혼과 부부간의 성적 연합에 관해 두신 신비 가운데 하나는 바로 상호의존적이라는 것이다. 부부는 실제로 서로가 서로를 필요로 하기 시작한다. 설명을 해 보자.

아내와 나는 우리 딸 미씨 부부와 함께 저녁식사를 하고 있었다. 미씨는 그 즈음 아기에게 젖을 먹이는 시기였고, 식당의 아기를 봐 주는 사람에게 맡기고 식사를 하는 중이었다. 식사가 좀 늦게 나와서 저녁식사가 생각보다 길어졌다. 미씨는 고통스러워하지는 않았지만—말하기는 쉽다—조금씩 불편해하기 시작했다. "아무래도 저는 곧 아기에게 젖을 먹여야 될 것 같아요."라고 했다(바로 자신이 젖을 먹여야 한다고 말한 것을 주목해서 보자).

바로 그때 식당 저쪽에서 아기가 울기 시작했다.

"오 이런, 세상에." 미씨가 재빨리 식탁 냅킨으로 옷을 가렸다. 젖이 불어 있는 상태에서 아기 울음소리를 듣자 젖이 나와 옷을 적신 것이었다. 사위 존은 재빨리 점퍼를 벗어 미씨에게 주었다.

하나님께서 아기와 엄마를 연결시켜 놓으신 것이 정말 놀랍지 않은가? 세상에 태어난 아기에게는 엄마 젖보다 더 좋은 게 없다. 그런데 아기가 엄마의 젖을 먹어야 하는 것만큼이나 엄마도 아기에게 젖을 주어야 한다. 즉 서로가 서로에게 필요한 존재가 되는 것이다.

이 이야기의 비유는 분명하다. 당신과 아내가 결혼에 골인해서 자주 사랑을 나눈다면, 우리의 몸은 서로를 '원하게' 된다. 말 그대로 의존적으로 서로가 서로에게 필요한 존재가 되어 버린다.

진지하게 만드는 측면

내 딸 미씨와 아기의 예를 가지고 생각해 보자. 아기가 배가 고파 깨서 울기 시작한다. 아기를 돌보는 사람이 엄마를 기다리는 대신 분유를 타서 주었더니 다행히 아기는 그 분유를 먹고 다시 잠이 들었다.

그때 엄마 미씨가 들어온다. "우리 아기 어디 있어요?" 아기 보는 사람에게 묻는다. "괜찮아요. 한 시간 전에 깨서 울기 시작했어요. 그래서 제가 분유를 타서 먹였더니 지금은 다시 잠이 들었어요."

아기에게는 잘된 일인지 모르겠지만 엄마에게는 정말 안된 일이다.[34] 하나님께서 아기와 엄마가 이렇듯 놀랍게 연결되게 하셔서, 둘은 모두에게 서로를 통해 충족되게 하는 동력—배고픔을 주셨다.

이 이야기가 어디로 진행될지 짐작이 갈 것이다. 이미 무슨 말인지 알고 있다. 당신과 아내 사이에 "그거 어때요?"하는 것은 푸른 초장에서 즐겁게 깡충깡충 뛰어 노는 것에서 그치지 않는다. 마크가 결혼예비상담에서 떠올렸던 그런 환상 가운데 하나를 만족시키는 것 이상의 무엇인가가 더 있다. 성관계는 말 그대로 하나님께서 주신 아내를 향한 갈망을 만족시키는 것이다. 동시에 당신을 향한 아내의 갈망을 만족시키는 것이다.

부부는 성적으로 서로를 필요로 한다. 이것이 진실이다.

식욕 감퇴

생리학적으로는 아내를 향한 억눌린 욕구를 아내 없이 덜어낼 수 있다. 말하자면 식욕이 감퇴될 수 있다는 말이다.

외도가 정확히 그런 종류다. 외도는 이웃의 멋진 새 차를 훔치는 것처럼 아내에게 속한 무엇을 빼앗아 버리는 죄를 범하는 것이다. 그렇다. 당신 마음은 아내에게 있다. 그렇다. 당신 미래도 아내에게 있다. 하지만 그와 마찬가지로 당신의 몸과 당신이 그녀의 욕구를 만족시키기 위해 공급해야 하는 것도 아내 것이다. 그리고 훌륭한 섹스가 단지 홈 플레이트를 밟는 것만 말하는 것이 아니기 때문에, 몇 루가 되었건 아내가 아닌 여자와 베이스를 밟는 것은 정말 어리석은 일이다. 적어도 두 가지 중요한 이유에서 정말 나쁘다.

1. 그것은 아내에게 독점적으로 속해 있는 것을 빼앗는 짓이다. 그 상처는 평생을 간다. 그리고 많은 경우 가정이 깨지는 시작점이 된다.
2. 당신과 아내는 여러 번의 시행착오를 거쳐 서로에게 잘 적응해 있다. 그래서 새로운 경험은 별로 좋지 않을 수 있다. 믿기 어렵겠지만 대부분 사실이다.

정신과의사이며 가족치료사인 프랭크 피트먼은 수천 건의 외도 문제를 상담한 후에 이런 결론을 내렸다. "대부분의 외도는 형편없는 몇 번의 성관계를 갖고 오랫동안 전화를 해야 하는 관계다."[35] 다른 연구들도 실제 숫자를 가지고 피트먼의 관찰을 확증하고 있다. 결혼한 부부는 남자의 67퍼센트, 여자의 55퍼센트가 만족스러운 성관계를 갖는 데 반해, 외도는 남자의 47퍼센트, 여자의 37퍼센트만이 만족했다고 답하고 있다.[36]

이런 통계 숫자에도 불구하고 많은 남자들이 여전히 스스로를 옭아맬 불륜을 찾는다. 그중 거의 100퍼센트가 이야기하고, 어루만지고, 키스하면서 부정한 관계로 빠져드는 것이다(이 세 가지가 얼마나 강력한지가 보인다). 심지어 어떤 남자는 아내보다 새로운 애인하고 더 기도를 많이 했다고 한다. 처음에는 '전혀 성적이지 않은' 관계로 시작한다. 그러나 이런 '성관계가 아닌' 관계를 끝내지 않으면 결국 성관계로 이어진다. 어린이 야구 경기에서도 아이들이 한 베이스에 오래 머물지 않고 계속 다음 베이스로 나가려 했던 것을 기억하는가?

그리고 행복한 결혼생활을 하고 있고 성적으로 만족하더라도 외도 문제에서 자유롭지 못하다. 상담을 하다 보면 심지어 이렇게 말하는 사람도 있다. "그저 몸뿐인데요. 저는 그래도 아내를 사랑합니다." 결과가 뻔한 흔한 변명이다. 외도 문제를 극복한다 하더라도 평생을 가는 깊은 상처가 남는다. 그런 상처를 갖고 있는 사람과 이야기해 보면 내가 할 말을 똑같이 할 것이다. 전혀 그럴 만한 가치가 없어!

외도에 대한 유혹은 평생을 쫓아다닌다. 그러니 정신을 바짝 차려야 한다. 마치 돈 많은 알코올 중독자가 술집 바로 길 건너편에 사는 것과 같다. 길을 건널 수 있다. 길을 건너고 싶을 것이다. 그렇지만 '딱 한 모금'이 자기를 죽이리라는 것을 잘 알고 있다. 그래서 길을 건너지 않고 자리에 머물면서 맑은 정신으로 살아가기 위해 노력한다. 자동차에 '하루씩, 하루씩' 스티커를 붙이고 다닌다. 아내와의 신의를 지키는 일도 그렇게 해야 한다. 당신은 총알을 맞고도 죽지 않는 방탄인간이 아니다. 그러므로 경계를 늦추지 말아야 한다.[37]

가상 세계에서의 불륜

실제 외도만이 아내에게서 남편의 몸을 빼앗는 것은 아니다. 가상세계에서도 불륜을 저지를 수 있다. 남자들은 모두 태어나서 처음 음란물을 보았던 날을 기억할 것이다. 나는 대학 4학년 때 처음 보았는데, 다행히도 1967년에는 인터넷이 없었다.

오늘날 사이버 세상에는 음란물이 넘쳐나서 칫솔만큼이나 손쉽게 접할 수 있다. 책상 위에 있는 컴퓨터에는 거의 매일 '젊고 뜨거운 아가씨들'이나 '굶주린 여자들'을 보라는 초대가 넘쳐 난다. 소프트웨어들이 다운로드하기 전에 이런 메시지들을 뜨게 하기 때문이다. 매번 나는 그런 초대의 글을 볼 때마다, 나를 기다리고 있는 것을 볼 때마다 심장이 두근거린다. 내 맥박은 매번 상승한다.

길 건너 술이 가득 찬 상점이 있는 곳으로 간다면 나는 매일 술에 취해 있을 것이다. 나는 그것을 알고 있다. 또한 그것에 지면 큰 도둑질을 하게 될 것이다. 전혀 의심하지 않는 아내는 나의 어리석음 때문에 무엇인가 귀중한 것을 잃어버릴 것이다.

나도 원한다. 나도 보고 싶다. 무엇이 나를 기다리고 있을지 정말 알고 싶다. 나는 숨을 크게 내쉬고 삭제키를 누른다. 당신도 그렇게 해야 한다. 꼭 초등학교 체육선생님처럼 말해서 미안하다. 하지만 다른 길이 없다. 중간지점이 없다. 나는 이 '중독'이 남자의 영혼에, 친한 친구의 영혼에 어떤 영향을 끼치는지 내 눈으로 직접 보았다.[38] 제발 삭제키를 누르자. 꼭 삭제키를 눌러야 한다. 나를 위해서가 아니라 당신과 그리고 당신 아내를 위해서다. 유혹에 져 버리면 당신 가정이 파괴되고 말 것이다.

딱 한 번의 눈길

나는 여행을 자주 하는 편이라 공항을 자주 걷게 된다. 공항들에서 비행기를 갈아타려면 에어로빅을 하는 것만큼이나 걸어야 한다. 그렇게 걷다 보면 재미있는 사람들을 많이 보게 된다. 그중에는 공공장소에서 입어서는 안 될 만한 옷을 입고 있는 여자들도 있다.

정말 어쩔 수 없이 그런 모습이 눈에 들어온다. 그렇지만 나는 내 자신에게—그리고 내 아내에게—두 번 쳐다보지 않기로 약속을 했다. 내 눈이 내 머리에 '열 시 방향에 진짜 가슴이 큰 여자' 혹은 '세 시 방향에 달라붙는 미니스커트를 입은 여자' 같은 신호를 보내오면 나는 다시 돌아보지 않기로 결정했다.[39] 내가 그 공항에서 무슨 불순한 짓을 하게 될까 봐 두려워하는 것이 아니다. 단지 마음으로 음행

할 수 있는 길에 서 있다는 것을 알고 있기 때문이다. 만일 그 선을 넘어간다면 아내로부터 무엇인가를 훔치는 것이고 아내를 모욕하는 것이다. 그래서 다시 바라보지 않는 것이다.

그렇게 하는 것이 쉬운가? 아니다. 그렇지만 곧 익숙해질 것이다.

참 기쁨들

운동선수들이 승리를 자축하는 모습은 참 보기 좋다. 골프 선수가 캐디를 끌어안거나, 승리를 가져온 홈런을 친 선수가 홈에 들어오는 순간 모든 선수들이 모여드는 모습을 보면 눈물이 나기도 한다. 내가 그렇게 운동을 잘해서 방송에 나올 수는 없는 노릇이니, 그렇게 큰 승리를 거두는 것이 어떤 느낌일지 결코 알 수 없을 것 같다. 혹 알 수 있을까?

1988년에 가장 뛰어난 투수였던 오렐 허쉬저는 만장일치로 내셔널리그 챔피언 시리즈와 월드 시리즈에서 최우수투수상과 MVP상을 받았다. 그리고 그에게 월드시리즈에서 우승한 소감을 물었다. 그의 대답이 당신을 놀라게 할지도 모르겠다. "물론 말할 수 없이 기쁩니다. 정말 감격스럽습니다. 그렇지만 학교에서 우등상을 받았을 때나, 아내가 결혼식 입장을 하는 것을 보았을 때나, 처음 아기 손을 잡아 보았을 때나, 큰 사업 계약을 체결했을 때의 기분과 별로 다를 것이 없습니다."[40]

물론 이런 일들도 정말 기쁘고 행복하다. 그렇지만 그의 성품으로 미루어 보건대, 나는 오렐이 한 가지 더 말할 수 있다고 생각한다.

그것은 신실함이 가져다주는 만족감이다. 아내와의 친밀함을 얻은 기쁨과 바람을 피우고 싶은 유혹을 뿌리치고 이긴 승리감은, 월드 시리즈에서 이기거나 스탠리컵이나 마스터즈 대회에서 승리하는 것보다 더 클 것이다.

당신의 훈련, 힘들인 수고, 그리고 자기부정이 그 가치를 발휘할 것이다. 그리고 부부의 놀이터에서 자신이 생각했던 것보다 훨씬 큰 즐거움을 맛보게 될 것이다.

11장
처가와 본가
이들은 누구이고, 내게 무엇을 원하는가?

> 딸의 손을 잡고 결혼식장 안으로 걸어 들어가서
> 다른 남자의 손에 딸을 넘기는 순간은 마치 값을 매길 수 없는
> 스트라디바리우스 바이올린을 고릴라의 손에 넘기는 것 같다.
> 제이 케슬러, 테일러 대학 명예 총장

나도 '처가 식구'다. 나는 결혼식장으로 두 딸의 손을 잡고 그렇게 걸어 들어갔다. 나는 큰딸 미씨는 1994년에, 작은딸 줄리는 1999년에 테네시 주 내슈빌에 있는 제일침례교회의 통로로 손을 잡고 걸어 들어갔다. 그때 그렇게 길어 보이던 그 각각의 길을 걸어 들어갈 때의 느낌은 동일했다. 가능한 대로 설명해 보겠다.

이 두 여자는 각각 1971년과 1974년에 내 인생에 들어왔다. 그들이 태어나는 순간 나는 주머니에 들어갈 것 같이 작은 두 아기들을 내 손으로 안게 되었다. 그 조그마한 얼굴들을 들여다보고, 내 손으로 들어올려, 그 조그만 장미꽃잎 같은 입술에 입을 맞추었다. 두 눈을 요리조리 굴리면서 초점을 맞추어 보려 애를 쓰고 있었다. 작은 미니어처 같은 팔과 다리를 휘젓고 있었다. 내 심장 가장 깊은 곳에

서 놀램과 기쁨이 넘쳐나고 있었다. "아빠야." 나는 내 아기들에게 속삭였다. "내가 네 아빠란다."

이제 이 아기들은 여인이 되었다. 그 손을 내 오른팔에 올려놓고 우리는 짙은 안개 같은 웅장한 오르간 소리가 교회 안 구석구석에 울리는 가운데 함께 걸어 들어갔다. 머리끝에서 발끝까지 거의 아무 감각이 없었다.

나는 이 신부들의 옆에서 천천히 그 길을 걸어 들어갈 때의 기분이 병원에서 아기들에게 처음 입을 맞출 때와 같은 느낌이었다고 말하고 싶다. 그렇지만 그렇지 않았다. 그것은 결혼식이 아니었다. 그것은 장례식이었다. 내 영혼 깊은 곳에서 나는 그것을 알고 있었다.

그것은 새로운 탄생이다

내가 내 딸들의 결혼식을 장례식이라고 말한 것에 좀 놀랐을지 모르겠다. 먼저 분명하게 해야 할 것들이 있다. 나는 조금도 주저하지 않고 내 딸들이 선택한 사위들이 정말 멋진 남자라고 말할 수 있다. 존과 크리스토퍼는 우리가 아이들의 침대맡에서 늘 배우자를 위해 기도해 오던 기도의 응답이었다.

> "주님, 우리 딸 미씨와 줄리가 결혼할 남자들을 축복해 주소서. 오늘도 그들을 보호하시고, 부모님께 순종하게 하소서. 그리고 주님, 당신을 사랑하게 하소서. 아멘."

우리 딸들도 그들을 위해 기도하곤 했다. 그들이 지금 어디에 있든지,

"자전거를 타다가 넘어져 다치지 않게 해 주세요."

우리 기도는 응답되었다. 우리는 결혼식장 앞에서 기다리고 있는 신랑들을 보며 기뻐하지 않을 수 없었다. 바비와 나는 그들을 사랑했고 미씨와 줄리가 선택한 남자들을 보며 기쁨이 넘쳤다.

내게 드리워진 어두운 느낌은 존과 크리스토퍼가 마음에 들지 않아서 생기는 감정은 분명 아니었다. 그렇지만 나는 무언가 죽음을 예고하고 있다는 걸 알았다. 동시에 다른 무엇인가 태어나는 순간이기도 했다.

바로 그 순간까지 내 딸들에게 가장 중요한 남자는 나, 아버지, 그들의 '영웅'이었다. 큰 문제든 작은 문제든 결정할 일이 있으면 상의하러 언제나 부모인 바비와 나를 찾아왔다. 우리 집이 그들의 집이었다. 그런데 바로 그날, 바로 그 한순간에 이 모든 것들이 죽어버렸다.

"누가 이 여자를 이 남자와 결혼하도록 주었습니까?" 마크 데브리스가 나에게 물었다. 그의 눈과 내 눈에 가득 눈물이 고였다.

그 결혼식에서 새롭게 '가장 중요한 남자'와 의논할 상대와 새 집과 새 가정이 탄생한 것이다. 그리고 두 딸의 결혼식 날 또 태어난 것이 있었다. 바비와 내가 전에는 결코 알지 못했던 역할, 즉 장인과 장모였다. 23년과 25년이나 된 우리의 관계가 순식간에 2군으로 강

등되었다. 이제 우리 딸들에게는 새로운 슈퍼스타가 탄생한 것이다.

내 딸들의 결혼식이 있기 전까지 나는 내가 바비의 부모님께 무슨 짓을 했는지 전혀 몰랐다. 내가 바비와 결혼했을 때 그분들을 처가 식구라는 낮아진 위치로 내몰았던 것이다. 나는 처가 식구들이 왜 그렇게 이상하게 행동하는지를 이해하도록 돕기 위해 이야기하고 있다. 그렇지만 내가 말했듯이, 아무리 신출내기 초보자라 하더라도 이젠 당신이 이 새로운 관계를 책임질 사람이다.

아내 편에 선다

처가나 본가와의 관계에서 '제1원칙'은 이것이다. 언제나 아내 편에 선다.

루이스와 조안나는 결혼한 지 일 년도 안 돼서 조안나가 시어머니의 생일을 잊어버렸다. 나는 "조안나가 잊었다"라고 말했다. 왜냐하면 조안나와 루이스 둘 다, 생일이나 기념일을 챙기고 선물하는 일은 말하지 않아도 당연히 여자가 할 일이라고 생각하는 가정에서 자랐기 때문이다.

아무리 그렇다고 해도 시아버지로부터 직격탄을 받은 조안나는 완전히 충격을 받았다. 시아버지는 그녀의 직장으로 전화를 걸어 일상적인 인사도 건너뛰고 바로 이렇게 말했다. "어떻게 네 어머니의 생일을 잊어버릴 수가 있느냐. 올해도 그렇고 그동안 네 시어머니가 너희한테 얼마나 잘해 왔는데!"

그런데 친아들도 어머니 생일을 잊었다는 것은 잊은 모양이었다.

또 결혼한 지 3개월밖에 되지 않은 신부가 적응할 일이 아주 많다는 것도 잊은 모양이었다. 시아버지는 몹시 화가 나서 마구 쏘아댔다. 조안나의 엄청난 실수를 뼈저리게 느끼게 하고는 전화를 끊었다.

몇 시간 뒤 루이스가 집으로 돌아왔을 때도 조안나는 아직 충격에서 벗어나지 못하고 있었다. 울고 있었던 것이 분명했다. "여보, 왜 그래요? 무슨 일 있었어요?" 루이스는 자기가 실수해서 아내 마음을 아프게 한 건 아닌지 걱정하면서 물었다.

조안나는 화가 난 시아버지로부터 받은 전화에 대해 마음에 있는 것을 다 쏟아내어 말했다. 조안나는 다시 울기 시작했고 시어머니의 생일을 잊어서 너무 미안하다고 말했다.

루이스는 조용히 일어나서 방을 건너가 전화기를 들고 아무 말 없이 전화번호를 눌렀다.

"엄마, 안녕하셨어요? 저 루이스예요." 루이스가 전화를 걸자 조안나는 숨을 죽였다.

"그런데 엄마, 생일을 잊어서 정말 죄송해요. 죄송한 건 어쩔 수 없고, 어쨌든 생일을 잘 보내셨으면 좋겠네요. 늦었지만 생일카드 보내 드릴게요. 그래도 안 하는 것보다는 늦게라도 하는 게 낫잖아요?" 루이스는 익살스럽게 말했다. 그의 목소리는 가볍고 따뜻했다. 그리고는 잠시 말을 멈추었다.

"아버지 좀 바꾸어 주시겠어요?" 루이스가 말했다.

몇 분 후 조안나는 루이스가 계속 통화하는 소리를 들었다.

"아버지, 안녕하세요. 저 루이스예요."

잠시 기다리는 것이 아버지의 인사를 듣고 있는 것 같았다.

"아버지." 루이스는 아주 분명한 어조로 계속 말했다. "오늘 조안나가 엄마 생일을 잊어서 전화하신 상황은 이해가 돼요. 하지만 생일을 기억하는 건 조안나가 해야 할 일이 아니었어요. 그러니 아내를 탓하는 것은 잘못된 일이라고 생각해요. 아버지 사랑해요. 하지만 아내를 그렇게 대하시는 건 받아들일 수 없어요. 아내는 아버지 딸이 아니고, 제 아내예요. 앞으로는 그렇게 대하지 않으셨으면 감사하겠어요."

루이스는 말을 멈추었다. 조안나는 아버지께서 변명하시는 것 같다고 생각했다.

"아니요. 아버지." 루이스가 여전히 조용하고 강한 어조로 말했다. "이 문제는 함께 상의할 문제가 아닌 것 같아요. 죄송합니다."

루이스는 다시 듣더니 또 말했다.

"아버지께서 그렇게 말씀해 주시니 감사해요. 이해해 주셔서 고맙습니다. 아버지, 그럼 안녕히 계세요."

루이스의 이 짧은 전화 대화는 몇 년간 상담을 받고 치료받는 것보다 더 효과적으로 조안나와 식구들 간의 갈등을 해결하는 직격탄이 되었다. 루이스는 그날 자기 부모님과 아내에게 자신이 가장 충성하는 곳이 어디인지 분명하게 선언한 것이다. 그리고 그렇게 함으로써 아내에게 일종의 안정감을 주었다. 그날 이후 조안나는 시댁 식구들에게 전혀 경쟁심을 느끼지 않았다. 루이스가 결혼생활에서 조안나에게 보여 준 결속감은 의심할 여지가 없었다.

성경도 거듭 말씀하신다. "이러므로 남자가 부모를 떠나 그 아내와 연합하여 둘이 한 몸을 이룰지로다"[41]

아버지와 이런 문제로 대화할 필요가 없기를 바란다. 아버지에서 시아버지가 되는 것은 순식간에 벌어지는 일이다. 그렇지만 당신이 루이스의 입장에 처했을 때 그런 분명한 태도를 취하지 않는다면, 즉 부모님에게 속했던 최우선의 충성심을 가지고 부모님을 '떠나서' 아내와 '연합하지' 않는다면, 정말 심각한 상황이 벌어질 것이다. 분명한 선을 그어 주지 않으면 어머니와 아내, 이 두 여인은 평생 동안 당신의 사랑을 빼앗기 위해 경쟁할 것이다.

"이 남자는 내 사람이에요." 한 사람이 말한다.

"아니다. 그 애는 내 꺼다." 다른 사람이 받아친다.

잔인하게 들릴지 모르겠지만, 부모님에 대한 효성보다는 아내를 선택할 수밖에 없다. 당신도 루이스처럼 하면 살아남을 수 있다. 그러지 않으면…… 게임이 시작된다.

친부모님과 분명한 선을 긋자

더그의 아버지는 알코올 의존증 환자였고 결국 가정을 버렸다. 더그는 큰 상처를 입었고, 더그의 엄마도 남편 때문에 비참한 인생을 살았지만 아들의 행복을 위해 모든 것을 희생하면서 살아왔다. 생활비를 벌기 위해 세 가지 일을 동시에 해야 할 때도 있었다.

그래서 이제 막 결혼한 더그의 아내가 어머니와 갈등을 일으키기 시작하자 더그는 늘 자신의 우상이었던 여자, 즉 어머니 편을 들기 시작했다. 더그의 어머니는 항상 아들에게 '리사에 대한 걱정'을 늘어놓았다. 더그는 어머니를 너무 사랑하고 존경했기 때문에 어머니의 '아들을 위해'라는 명분으로 하는 충고를 믿었다. 늘 좋은 말로 한 것은 아니더라도 말이다.

몇 년간을 더그는 어떤 때는 미묘하게 또 어떤 때는 분명하게 리사의 습관이나 행동이나 성격 중의 고칠 점을 말해 왔다. 리사는 남편이 시어머니의 말을 그대로 옮기고 있다는 것을 느끼고 있었다. 그래서 남편이 조금만 말해도 점점 더 방어하고 저항하게 되었다. 리사와 시어머니의 이런 냉랭한 갈등은 결혼생활 내내 피 흘리는 전쟁이 되어 갔다.

더그는 뭔가 조치를 취하지 않으면 안 된다는 것을 알고 있었다. 그래서 회사를 마치고 집으로 돌아오는 길에 샘의 사무실에 들렀다. 샘이 몇 살 위 선배였지만 아주 친한 사이였고, 더그는 샘의 판단을 신뢰했다.

잠시 후 더그의 질문이 샘의 관심을 끌었다. "어떻게 어머니가 바라는 대로 리사를 변화시킬 수 있을까요?"

샘은 삐걱 소리를 내며 의자를 뒤로 젖히고 손을 머리 뒤로 기대면서 말했다. "내가 판단하기에는 자네가 집에서 도망쳐야 할 것 같은데." 샘이 얼굴에 잔잔한 미소를 지으며 말했다.

더그는 충격을 받았다. "집에서 도망을 치라고요?"

샘이 기억을 더듬어 성경말씀을 인용했다. "그런즉 남자가 그 부모를 떠나 아내와 연합하여 한 몸을 이룰지로다." 샘은 계속해서 말했다. "자네는 지금 두 가정을 함께 꾸려 가기 위해 애쓰고 있어. 결혼하면서 자네 물건을 챙겨 리사에게 갔을지 모르지만, 자네 마음은 아직도 다른 곳에 있군. 자네는 한 번도 자네 어머니를 떠난 적이 없어. 친구, 그것은 자네 몫이지 리사 몫이 아니라구. 자네가 어머니를 떠나 리사에게 완전히 옮겨 가지 않으면 이 문제는 결코 해결되지 않을 거야."

더그가 집에 도착해서 차를 대고 있을 때 해가 저물기 시작했다. 그러나 더그에게는 아침 해가 떠오르는 것 같았다. 그는 변할 것이다. 이제부터 어머니와 리사 사이에서 갈등이 생기면 어떤 문제든 아내 편을 들겠다고 굳게 결심했다.

몇 주일이 지나자 생각했던 것보다 그것이 훨씬 힘든 일이라는 것을 깨달았다. 어머니가 처음에는 더그가 리사에게 충성하는 것에 대해 참고 말하지 않았다. 그러나 계속 그런 상황이 지속되자 어머니도 소리 내어 말하기 시작했다. 그러나 더그는 자기 자리를 지켰다. 그러나 그를 더욱 힘들게 한 것은 아내가 믿어 주지 않는 것이었다.

처음 두 달 동안 더그의 어머니는 화를 내기도 하고, 울기도 하고, 죄의식을 불러일으키기도 하고, 심지어 불시에 '끼어들기'를 하기도 하고, 더그의 사무실에서 20페이지에 달하는 편지를 읽기도 했다. 더그는 어머니의 고통을 이해하기 위해 최선의 노력을 다했다. 그러나 애정을 가지고 굽히지 않고 어머니를 떠나 정서적으로도 아내 리사에게 옮겨가야만 한다는 것을 부드럽게 설명했다. 리사와의 경쟁에서 어머니는 질 수밖에 없었다.

더그가 샘과 만나 이야기한 지 거의 100일이 지났을 때쯤 리사의 방어벽이 무너지기 시작했다. 더그가 어머니와 전화하는 소리를 들은 것이다. 더그는 아내를 지지하고 어머니께서 그 문제에서 손을 떼줄 것을 분명하게 요구하고 있었다. 몇 달 동안 어머니의 집에서 나오려고 애쓰다가 마침내 집에서 떠날 수가 있었다.

'더그'처럼 어머니와 아내 사이에서 춤추며 누구에게 우선순위가 있는지 분명히 말하지 않기를 바라는 사람이 많다. 이들은 아내를 가르치고 어머니를 달래기 위해 애쓴다. 그렇지만 그렇게는 절대 문제를 해결하지 못한다.

결혼 첫해에 어머니나 아버지와 아내 사이에서 평화협약을 맺도록 중재하려 애쓰지 말자. 그보다는 자신의 충성심이 어디에 있는지 누구도 의심하지 않을 만큼 분명하게 해야 한다. 남편은 항상 아내 곁에 선다. 그것만이 부모님과 아내 사이의 관계를 좋게 할 수 있는 유일한 방법이다.

전 배우자 그리고 다른 관계 있는 사람들

베씨와 윌리엄은 마크와 수잔이 진행하는 부부 모임의 한 일원이었다. 베씨는 두 번째 결혼이었고 먼저의 결혼에서 낳은 두 아들이 있었다. 그리고 아이들 때문에 전남편과 정기적으로 만나야 했다. 모임에서 부모님과의 건강한 관계의 원칙에 대해 토론하고 있을 때 베씨가 무언가 깨달았다는 표정으로 사람들에게 말했다. "있잖아요. 전 배우자와의 관계에도 동일한 원칙을 적용할 수 있을 것 같아요." 몇몇 사람이 이 말을 듣고 웃었다. 하지만 마크는 그녀가 농담하려던 것이 아님을 알았다. 그래서 조금 더 설명해 달라고 말했다.

"사실 저는 오래전부터 알고 있었어요." 베씨가 말을 계속했다. "전남편이 제게 한 일들을 용서하고 그것에서 떠나야 한다고요. 그렇지 않으면 증오심과 상처를 계속 끌어안고 살게 돼요. 마치 부모님이나 시댁 식구들을 용서하지 않는 것과 같아요. 그러면 정작 건강하고 깊은 관계를 맺어야 할 사람을 멀리하게 돼요."

모임의 사람들이 다 베씨의 말에 주의를 기울였다. 마지막으로 베씨는 이렇게 말했다. "내가 전남편을 분노라는 끈으로 계속 붙잡고 있으면 그 분노가 지금의 결혼생활에 여파를 미치지 않을 수 없어요."

베씨의 말이 옳다. 우리는 마음의 쓰라림을 가지고 안 가지고를 선택할 수 없다. 분노는 결혼생활 가운데 스며들어 모르는 사이 가족 간의 관계를 해친다.

명절의 줄다리기

아직 명절에 줄다리기를 경험해 보지 못했다면 머지않아 곧 경험하게 될 것이다. 게다가 아기까지 태어나면 훨씬 더 복잡해진다. 이 게임에서 기억할 것이 몇 가지 있다.

당신과 아내에게 달렸다

미국에서는 추수감사절과 크리스마스가 가장 큰 명절이다. 양가 부모님이 직간접적으로 압력을 행사할 것이다. 하지만 그것에 영향을 받으면 안 된다. 아내와 충분히 협의해서 어디로 갈 것인지 본인들이 결정하자.

많은 부부들이 해마다 번갈아서 간다. 올해 추수감사절은 우리 부모님께, 내년은 아내 부모님께 가는 식이다. 크리스마스도 마찬가지다. 추수감사절과 크리스마스는 번갈아 간다. 추수감사절은 본가로, 크리스마스는 친정으로, 그리고 다음 해는 반대로 간다.

어떤 가정은 3년을 주기로, 한 해는 자신의 가정을 위해 비워 두는 경우도 있다. 더욱 중요한 우리 가정의 자녀들과 시간을 보내기 위해서 말이다.

미리 알리는 것이 좋다

휴일에 관해 어떤 결정을 내렸든지 가족들에게 비밀로 할 이유가 없다. 미리 알려야 한다. 크리스마스에 깜짝 선물을 하는 것은 재미있지만, 어디서 보낼지 모르게 하는 것은 별로 즐거운 일이 아니다.

일 년 계획을 미리 짜는 것이 귀찮을 수 있지만, 관계된 사람들에게 자신들이 결정한 것을 미리 알려야 기대하고 계시는 부모님을 실망시키지 않게 될 것이다.

계획적으로 그러나 융통성 있게—공평하고도 다르게

그럴 때가 있다. 생각지 않았던 출산이나, 중한 병이나, 장례 같이 양가에 똑같이 시간을 쓸 수 없을 때가 생긴다. 그리고 많은 경우

한쪽 부모와 가까이 살게 되기 때문에 똑같은 시간을 함께 보낸다는 것은 실제로 불가능하다. 그럴 수 있다는 환상을 버리자. 그리고 이런 불평등의 문제가 발생하면 서로에게 너그러워야 한다. 그러니 그런 일이 발생하기 전에 미리 서로 양해를 해 주는 것이 좋다. 뜻하지 않은 일이 발생하는 것만으로도 이미 힘든 상황에 처하게 된다. 굳이 "당신 가족들하고 보내는 시간이 우리 가족들하고 보내는 시간보다 훨씬 더 많단 말이에요."라고 싸우면서 에너지를 낭비할 여유가 없다.

그리고 한쪽 부모와 더 시간을 보내게 되는 데는 그럴 만한 이유가 있다는 것을 생각하자. 보통 여자들이 남자보다 자기 부모님과 더 많은 시간을 보내는 경우가 많다. 물론 이런 법칙에도 예외는 있다. 어찌되었든 부부가 부모님과 보내는 시간에 대해 마음을 열고 대화해야 한다. 배우자 가정의 친척들과 함께 시간을 보내는 스트레스에 대해서도 상의해 보자.

계약을 체결하자

마크와의 상담에서 아내 레지나는 남편 부르스가 처가를 대하는 태도가 못마땅하다고 불평하고 있었다. 처가에만 가면 항상 뒤로 물러나서 책에 코를 파묻고 있거나 TV에 눈을 고정시키고 있다고 말했다.

이렇게 문제가 제기되자, 마크는 부르스에게 간단한 약속을 하나 하라고 촉구했다. "저 남편 부르스는 일 년에 일곱 번 처가에서 즐겁게 시간을 보낼 것을 맹세합니다." 부르스가 장난스럽게 오른손을 들고 선서했다. "아내가 날짜만 선택하십시오. 잘 행동하겠습니다. 믿어도 됩니다."

날짜와 횟수를 분명하게 정해 두는 것이 "항상 친근하게 행동해야 한다"라는 백지 위임장이 주는 종신형을 받은 듯한 기분을 줄여 줄 수 있다. 그 방법은 정말 효과가 있었다. 부르스는 약속대로 처가 식구들과 시간을 보내는 태도를 바꾸었고, 부르스 자신도 정말 행복한 시간을 보냈다.

아기가 태어나면

결혼 첫해에 아기가 태어나는 것이 흔하지는 않지만 그럴 수 있다. 아기를 언제 가질지 상의하고 조심하는 것이 그렇지 않을 때 발생하는 상황보다 훨씬 쉽다고 모든 부부들이 말한다.

아기가 태어나면 아마추어 남편이 되는 동시에 아마추어 아빠가 된다. 그리고 부모님들도, 전혀 경험해 보지 못했던 할아버지 할머니가 되는 위기에 놓이게 된다. 그래서 그분들도 적응할 시간이 필요하다. 사실 부모님으로부터 이런 소리를 듣기 시작할 것이다. "네가 어렸을 때, 우리는 이렇게 저렇게 했단다." 그러나 부모님들께 너그럽게 대하는 것을 잊지 말자. 머지않아 당신도 아이들에게 똑같이 말할 날이 올 것이다.

한 번 더 말하지만, 처가나 본가 식구들에게 친절해야 하면서도 다른 경우와 마찬가지로 결국 아내와 상의해서 스스로 결정해야 한다. 부부가 최우선이고 가정이 최우선이 되어야 한다. 부모님께도 가끔 이런 사실을 일깨워 드리는 것도 좋은 생각이다.

이렇게 말할 수 있다. "어머니께서 모유를 먹이지 않으신 건 알고 있어요. 하지만 신디는 모유를 먹이기로 결심했어요. 그리고 저도 아내의 결정을 존중해요."

부드럽게 이렇게 말할 수 있다. "아버지, 제 아들 이름은 아버지 이름을 따르는 것도 좋다고 생각해요. 그런데 생각 끝에 아마데우스로 결정했어요. 제가 얼마나 고전 음악을 좋아하는지 아시잖아요."

기억하자, 부모를 떠나는 것이 당신 일이다. 당신이 세워야 할 당신의 가정이 있다. 가능한 한 많은 충고를 들어야 하겠지만, 결국 결정은 스스로 단호하게 내려야 한다. 그렇지 않으면 큰 혼란을 일으키고 말 것이다.

아! 그나저나, 아기의 정서적인 건강에는 아내와의 굳은 연합이 가장 중요한 일임을 잊지 말자. 집에 들어와서 제일 먼저 아기를 보고 어르고 싶겠지만, 아내와 먼저 인사해야 한다. 그리고 가끔 아기 봐 주는 사람을 써서 아내와 둘만의 시간을 보내어 아직도 아내가 제일 순위에 있음을 알게 하는 것을 주저하면 안 된다. 그런데 어느 때는 본인이 아내를 잃어버린 것 같이 느껴질 때가 있을 수도 있다. 왜냐하면 아내의 관심을 받는 일로 갓 태어난 아기와 경쟁하는 것은 불가능하기 때문이다. 그렇다면 의도적으로 아내와 함께 아기를 돌보고 키우는 일에 시간과 노력을 투자하자. 내가 투자라고 말한 데 주목해야 한다. 이런 투자는 멋진 이익을 얻을 수 있다.

처가 식구나 본가 식구들도 사람이다

처가 식구와 본가 식구에 관한 좋은 소식도 있다. 이들은 당신의 결혼을 지켜 주는 너무너무 중요한 사람들이 될 수 있다는 것이다. 실제로, 어느 유럽사회에서의 낮은 이혼율은 주위에서 사랑과 격려를 보내 주는 친척들이 있기 때문이라고 한다. 배우자의 가정과 너무 지나치게 얽매여 있거나 너무 멀리 있지 않을 때, 지나치게 밀착관계에 있거나 지나치게 소원하지 않을 때 가장 건강한 관계를 가질 수 있다.

나는 나 자신이 장인이 될 때의 감정이 어떤 것이었는지 밝히면서 이 장을 시작했다. 최상의 조건이라도 딸들을 떼어 보낸다는 것이 얼마나 고통스러운 일이었는지 고백했다. 나 역시 내 아내와 결혼할 때 너무 몰랐던 죄가 있음을 부인할 수 없다. 나는 주제넘게도 아내를 몇 년 간 만나서 사랑한 시기를, 아내를 보살피고 키워 주신 부모님의 20년 세월과 견주었다. 부모님들께서 나보다 더 많이 희생하셨지만, 내가 '승리'를 거두었다. 나도 아내 부모님과의 관계나 내 부모님의 관계보다 우리의 결혼생활이 더 중요하다는 것을 안다. 그렇지만 이것은 모든 사람들에게 큰 조정이 필요한 일이다.

나는 좀 더 공감했어야 했다. 결혼을 승낙받으러 아내의 부모님께 갔을 때, 아버님께서는 "그렇게 하게." 하셨다. 그런데 나는 시카고에 있었고 아내는 워싱턴 D.C.에 살았기 때문에, 아버님께서는 이런 말씀을 덧붙이셨다. "그렇지만 자네가 내 딸을 데리고 먼 곳으로 가는 것이 섭섭하구만."

나는 이해한다고 말했지만, 사실은 그러지 못했다. 내가 어떻게 이해할 수 있었겠는가. 그렇지만 지금은 안다. 그리고 여러분 중의 많은 사람들도 언젠가 이해할 날이 꼭 올 것이다.

아내의 부모님을 정중하게 대하고, 자신의 부모님께도 무례히 굴지 말자. 그분들께서는 여러분을 오랫동안 사랑해 오셨고, 그리고 정말 가장 좋은 것을 주기 원하신다. 그분들이 어떤 잘못을 저지를지 모르지만, 그분들 역시 사람임을 기억하자.

12장

조력

무언가 변화가 필요할 때

결혼은 겸손케 하는 여정이다.
빌과 린 히벨스, 『함께 엮이기 위해』

클린트는 꽤 잘나가는 사업가였고, 아내 베키는 그가 얻은 '트로피' 같은 아내였다. 그들이 들어오면 모든 사람들이 다 쳐다본다. 이들은 돈으로 살 수 있는 것은 다 가질 수 있었지만, 그러나 돈으로 살 수 없는 귀한 것을 잃고 있었다. 아내는 사교 모임에 나가고 아이들을 양육하는 데 몰두해 있었고, 남편은 거의 집에 들어오지 않았다. 집에 들어왔을 때도 남편의 몸과 마음은 사업 구상에 빠져 있었다. 아내와의 사이는 점점 멀어졌고 남편은 점점 분노가 쌓여 갔다.

오래지 않아 두 아이의 아버지인 클린트는 바람이 났다. 클린트는 전혀 숨기지 않고 당당하게 새 애인과 함께 다녔다. 사람들이 많은 식당에서 공공연히 함께 식사를 하기도 했다. 이 새 애인은 베키처럼 매력은 없지만 부담스럽지 않았다. 요구하는 것도 기대하는 것도 없었기 때문이다.

이 이야기의 끝이 어떻게 되었을까? 클린트가 끝내 아내 베키를 떠났고, 아내는 뛰어난 변호사를 고용해서 클린트를 빈털터리로 만들었을까? 그리고 양육권을 가지고 몇 달 동안 법정 투쟁을 벌이면서 동네사람들에게 식사시간의 즐거운 이야깃거리를 만들어 주었으리라 생각할 것이다. 그렇지만 틀렸다.

이야기는 전혀 다르게 끝난다. 그 사건이 있고 10년이 지난 요즘, 클린트와 베키는 자기 교회에서 특수 사역을 감당하고 있다. 매주 문제가 있는 가정들을 돌보고 상담하고 있다(지어낸 이야기가 아니라 실제 있었던 사건이다).

클린트와 베키는 많은 사람들이 기적이라고 말하는 치료과정을 거쳤다. 지금은 많은 젊은 부부들에게 가르치고 있는 이런 동일한 과정을 일찍 실행하면 어떤 문제가 있는 부부라도 회복될 수 있다. 더 나아가 심각한 문제에 빠지기 전에 결혼을 건져낼 수 있다.

전문가와 결혼하다

베스트셀러 작가이기도 한 게리 스몰리와 그의 직원들은 몇 년 동안 계속해서 상담을 해 오면서, 수천 명의 부부들과 한 상담이 다음과 같거나 비슷하다는 것을 발견했다.

부부 문제에 대해 자세히 듣고 게리가 말한다. "제가 듣기에는 무언가 조치를 취해야 할 것 같군요."

부부는 고개를 끄덕인다.

게리가 남편에게 묻는다. "그러면 데이브, 당신과 셀리가 이 문제를 해결하려면 무엇을 어떻게 해야 할까요?"

완전히 정적이 흐른다. (게리 박사와 데이브의 아내는 조가비를 귀에 대고 있는 것 같다. 데이브는 눈만 말똥말똥 뜨고 당황한 얼굴로 아무 말도 못하고 있다. 몇 분의 침묵이 흐르고 난 뒤 데이브는 부끄럽다는 듯 시선을 아래로 떨군다.)

게리가 아내에게 묻는다. "좋아요. 셀리, 그러면 당신은 이 문제를 해결하려면 어떻게 해야 한다고 생각하십니까?"

셀리는 자신과 데이브가 가지고 있는 문제 몇 가지를 다시 제시하면서 일련의 타당한 해결방안을 제시했다. 셀리의 말에 게리는 고개를 끄덕인다. 그는 셀리의 안목과 지혜에 별로 놀라는 기색이 아니다. 그렇지만 남편 데이브는 놀라서 입이 벌어진다.

당신 아내가 셀리와 같을 확률이 절반을 넘는다(사실 그보다 훨씬 높다). 아내들은 이런 문제를 즉각적으로, 직관적으로 감지해 내는 전문가들이다. 결혼생활을 지키는 데 필요한 남편과 아내의 관계와 역할을 포함한 모든 부부 문제에 대하여 전문가들이다. 마치 어미 새가 고양이로부터 둥지를 지키려고 애쓰는 것처럼, 아내들은 크든 작든 모든 적으로부터 가정을 지키기 위해서라면 무엇이라도 하도록 프로그래밍 되어 있다.

남편이 저녁식사에 늦거나 부탁한 쓰레기를 버리지 않았다거나 아내와 시간을 보내기로 한 약속을 지키지 않았을 때 아내들은 즉각 반응한다. 아니, 오버 반응을 한다. 왜? 왜냐하면 이런 '작은' 행동들이 큰 문제가 일어나려고 함을 나타내기 때문이다. 그래서 남편에게 주의를 주려 하는 것이다. 아내들은 어떻게라도 문제가 쌓이거나 커지지 않게 하기 위해 애쓸 것이다. 작은 부주의가 결혼생활을 망칠 수 있다. 아내들은 그것을 알고 있다. 그래서 작은 문제를 그렇게 크게 부각시키는 것이다.

조기경보를 알아차리는 법을 배우자—그리고 심각하게 받아들이자

내가 타려던 비행기는 4시 35분에 올란도에서 출발하는 로스앤젤레스행 마지막 직항 비행기였다. 4시 10분이 되어도 승객들을 탑승시키려는 기색이 없었다. 게이트 승무원이 계속 전화에 매달려 있었다. 4시 20분에도 탑승시키지 않았다.

"이거 큰 문젠데." 나는 겨우 옆 사람이 돌아볼 정도의 목소리로 말했다.

4시 30분이 되자 항공사로부터 공식적인 발표가 있었다. "승객 여러분." 직원은 최대한 차분하고 친절한 목소리로 말했다. "저희는 승무원으로부터 계기판에 경고등이 들어왔다는 소식을 받았습니다." 기다리고 있는 승객들 중에서 신음소리가 났다. 한 젊은 남자가 "전구 하나 빼 버리는 데 몇 사람이나 필요하지요?"하고 농담을 했지만, 아무도 그 말에 웃지 않았다.

"비행기 정비소에 연락을 취했습니다. 그래서 몇 가지 진단을 하고 있습니다. 계속 상황을 지켜보고 있습니다. 비행기가 많이 지연되지 않을 것으로 예상하고 있습니다. 아마 20분에서 30분 정도 지연되리라 봅니다. 그렇지만 계속 상황을 알려 드리겠습니다." 그리고 흔히 하는 인사를 했다. "참고 기다려 주셔서 감사합니다."

어떤 승객들은 서성대기 시작했다. 어떤 사람은 화난 목소리로 말했다. 엄마들은 안절부절못하면서 지갑을 들고 아이들을 달랠 수 있는 것을 찾으러 나섰다. 나는 휴대전화를 꺼내 들고 항공사에 전화를 했다. 나는 전에도 이런 '20에서 30분'이라는 소리를 들은 적이 있었다.

그래서 나는 비상사태를 대비해서 몇 분 후 달라스를 경유해서 로스앤젤레스로 향하는 비행기를 예약했다. 다음날 아침 중요한 고객과의 만남이 있었기 때문에 그곳에 가지 않으면 안 되는 상황이었다.

이런 일이 일어날 때마다 나는 거의 매번 궁금한 게 하나 있다. 만약 조종사가 경고등을 무시하고 전구를 빼버린 채 로스앤젤레스를 향해 출발한다면 무슨 일이 생길까? 당신 생각은 어떤가?

항공사의 여러 가지 복잡한 안전시스템으로는 아마 분명 안전한 쪽을 선택할 것이다. 사실, 승무원들이 입을 다물고 문제를 무시해 버린다면 승객들은 아무것도 모른 채 만 미터가 넘는 상공에서 땅콩 과자를 먹으며 음료를 홀짝거리고 있을 것이다. 뭐, 다른 시스템은 대부분 잘 작동하고 있으니까.

그러나 실제로 비행사들이 그런 문제를 무시한다면 비행할 자격을 박탈당하고 말 것이다. 심각할 문제일 가능성은 낮아도, 이런 경고등은 무언가 의미가 있다. 아무리 승객들이 참을성이 없더라도 문제가 해결되지 않으면 결코 비행기는 출발하지 않는다. 초기 결혼생활에서도 문제가 발생하면 즉각 해결하는 것이 중요하다.

"당신 왜 그래요? 무슨 문제 있어요?" 아내에게 신경쓰이는 것이 있는 듯하여 남편이 묻는다.

"아니에요. 아무것도 아니에요." 아내의 굳은 표정이 계기판에 들어와 있는 경고등을 애써 외면하고 있음을 말해 준다.

아마 이미 이런 대화를 해 보았을 것이다.

클린트가 아내 베키와 이혼 직전까지 가는 경험을 통해 배우고, 또 데이브가 아내 셸리의 말을 들으면서 배운 것은, 이미 결혼 초기에 들어와 있던 경고등을 볼 수 있었어야 한다는 것이다. 그런데 아내들은 이 경고등을 분명하게 본다는 것이다. 남자들은 대부분 상황이 다 벌어지고 나면 그제서야 자기들도 보았다는 것을 인정한다. 단지 무시한 것뿐이다. 이런 어리석은 합리화를 하면서 말이다. 어떤 부부도 완벽한 부부는 없어. 아마 시간이 지나면 어떻게든 해결될 거야.

정비사를 불러야 한다

비행사가 되려면 몇 년씩 훈련을 받아야 한다. 시뮬레이션을 통해 최악의 상황에 대비하는 훈련도 받는다. 비행기 바퀴가 활주로 바닥에서 공중으로 떠오르고 나면 승객들 수백 명의 목숨이 비행사 한 사람 손에 달려 있게 된다. 그렇지만 그런 비행사들도 경고등을 고치지는 않는다. 그들은 정비사들을 부른다.

남자들은 도움을 받아야 한다는 것을 인정하기 싫어하고, 또 도움받는 일을 아주 싫어한다. 이런 것을 가장 잘 보여 주는 것이, 운전 중에 차를 멈추고 길을 물어보지 못하는—사실은 꺼리는—것이다. 우리는 완전히 길을 잘못 들었다. 같은 편의점을 네 번이나 돌고 있다. 옆에서 아내는 결혼식에 늦어서 울며 소리치고 있다. 그런데 우리 남자들은 분명 잘될 거라고 확신하고 있다.

"교회가 분명히 여기 어디 있어요." 우리는 자신 있게 대답한다.

대부분의 결혼들이 계기판에 경고등이 들어올 상황에 대해 전혀 계획하지 않은 채로 이륙한다. 아무도 이런 질문을 하지 않는다. "만약 경고등이 들어오면 어떻게 하지요? 어떻게 고치면 될까요? 고칠 수 없으면 누구를 불러야 하지요?" 그래서 남자들은 문제가 생길 때 누구에게 어떻게 도움을 청해야 할지 모르는 채 전략도 없이 결혼을 이륙시킨다.

이미 말했지만 대부분 아내들이 경고등을 더 잘 본다. 조사에 따르면 남자보다 여자들이 결혼에 대해 더 많이 문제를 제기한다고 한다.[42] 그렇지만 당신이나 나는 이상하게 경고등을 빼 버리거나 망치로 부숴버리고, 아무 일도 없는 것처럼 로스앤젤레스를 향해 비행기를 이륙시키는 것이 더 마음이 편하다. 그런데 가장 불행한 일은, 비행기가 조금도 흔들림 없이 땅에 무사히 착륙하는 것이다. 왜일까? 성공했던 것으로 미루어 보건대 비행기가 문제가 있는 것이 아니라 경고등이 문제라고 생각하게 되기 때문이다. 아내의 경고등이 켜지면 우리는 단지 아내의 지나치게 예민한 경고시스템이 문제라고 생각하기 위해 모든 수단을 동원해서 자신을 합리화시킨다.

어느 날 오후 어떤 목사의 사모가 말 그대로 목사를 상담실로 끌고 들어왔다. 그 목사는 상담실에 오자마자 이렇게 말했다. "정말이지 우리가 왜 여기에 와야 되는지 이해할 수가 없습니다. 우리는 아주 행복하게 살고 있다구요." 다른 사람들을 상담할 수 있는 훈련을 받은 사람이 자기 아내의 처절한 상황에는 장님이었던 것이다.

결혼 첫해에 반드시 계기판을 주의해서 살펴야 한다. 무언가 이상한 것이 보이면 아내에게 확인하자. 만약 경고등에 불이 들어오면 아내와 상의해야 한다. 웃기려고 들지 말자. 장난할 그런 상황이 아니다. 두 사람 모두 만족스럽게 대화할 수 없으면 정비사를 불러야 한다.

'정비사'란 신뢰할 수 있는 연장자나 목사님이나 훈련된 상담자를 가리킨다. 결혼생활에 들어온 경고등을 심각하게 생각해 주는 사람이어야 한다.

안전망을 설치하자

1933년 1월에 캘리포니아에서 금문교 건설이 시작됐다. 4년 반의 공사 끝에, 백악관에 있던 프랭클린 델라노 루즈벨트 대통령은 다리가 완공되었음을 전 세계에 타전했다.

다리 공사에는 3,500만 달러가 들었는데, 단 11명의 인부만이 죽었을 뿐이었다. 나는 '단'이라고 말했는데, 왜냐하면 보통 그런 공사에서는 100만 달러당 한 사람이 죽기 때문이다. 희생자가 이렇게 적은 이유는 간단하다. 건설회사가 샌프란시스코에서 마린컨츄리까지 이르는 공사 중인 다리 밑으로 13만 5천 달러나 되는 돈을 들여 안전망을 설치했기 때문이다. 다리를 건설하는 동안 서른 명의 인부가 떨어졌는데 그중 열아홉 명은 그물에 걸려 구출되었다. 지역신문은 이 생존자들을 '지옥 문 앞에서 돌아온 사람들'이라고 불렀다.

결혼의 안전망은 앞으로 어떤 위험을 만나더라도 결혼생활을 지키겠다고 부부가 결심하는 데서 시작한다. 바로 지금, 싸움이 치열해지기 전에 이 책의 8장에서 말했던 제네바 협약 같은 안전망에 투자하기로 부부가 합의해야 한다.

안전망을 친다는 것은 무기를 내려놓는다는 뜻이기도 하다. 즉 전혀 이롭지 못한 파괴적인 논쟁을 하지 않는 것이다. 아래와 같은 무기를 말한다.

- 자기방어—"아, 그래서 지금 그게 다 내 잘못이라는 뜻이에요?"
- 경멸—욕, 비꼬는 농담, 또는 눈을 굴리면서 "그래서 어떻게 할 건데요. 고소라도 할 거야?" 하기
- 애정 거두기—돌처럼 차갑게 전혀 반응하지 않기, 말도 안 하고 대꾸도 안 함으로 배우자에게 무언의 압력을 가하기.
- 인격적인 공격—부엌을 치워 달라고 말하지 않고 "당신은 정

말 자기만 생각하는 이기주의자예요."라는 식으로 말하기.[43]

이런 무기들은 부부간의 의견이 다른 것을 논쟁으로 발전시키고, 논쟁에서 싸움으로, 싸움에서 전쟁으로, 그리고 부상자나 사망자가 생기게 한다.

안전망은 이런 무기를 사용하지 않는 것뿐 아니라, 배우자가 이런 무기를 들면 언제라도 무기 사용을 자제할 것을 요구할 권리를 갖는 것을 포함한다.

"여보, 그런 말은 하지 않기로 약속한 것 같은데요." 협상 테이블 반대편에 앉아 있는 사람이 이렇게 말할 수 있다. 그러면 무기를 든 위반자는 꼭 그 무기를 내려놓아야 한다. 이것은 조약이다. 선택의 여지없이 이행해야 한다.

또 다른 안전망 하나는, 비상사태에 전화할 친한 친구나 모임을 갖는 것이다. 어떤 사람은 이 모임을 '119 모임'이라고 부른다. 이들은 책임감 있게 낮이나 밤이나 서로의 가정을 위해 언제든지 기꺼이 도움을 준다.

랜디와 티파니는 결혼 초에 확실하게 결혼 안전망을 쳤다. 결혼한 후 몇 달 동안 거의 '금문교 아래로' 떨어질 뻔한 경험을 몇 번 하게 되었다. 그래서 어느 날 저녁은 식탁에 마주 앉아 랜디가 노트북을 꺼냈다. 그리고 안전망에 들어갈 리스트를 작성했다. 이들은 상당히 통찰력이 있는 사람들이었기 때문에, 위에 있는 사항을 포함해서 몇 가지 자신들만의 것들을 더했다. 안전망에서 떨어지는 것조차 막을 수 있게 하려는 것이었다.

랜디는 티파니가 제안하는 것을 컴퓨터에 입력했다.

- 한 달에 한번 촛불을 켜고 저녁식사를 한다. 랜디가 전체적으로 책임진다. 일회용기에 중국 요리를 사오더라도 멋진 식기에 담아서 먹는다.
- 매일 아침 커피를 마시면서 15분간 대화를 한다. 주말에는 더 길게 한다.
- 한 달에 한번 '우리' 음악에 맞추어 춤을 추거나 '함께' 비디오를 감상한다.

랜디도 티파니에게 몇 가지 제안을 했다.

- 농담할 때 웃어 준다.
- 내 사업상의 식사 초대에 응한다.
- 사랑을 나누자고 제안한다.

이것을 읽으면서, 눈을 굴려 가며, 순전히 허풍이라고 판정하고픈 유혹을 피해 내기를 부탁한다. '나는 즉흥남이라고. 뭐 그렇게 기계적일 필요가 있나. 살아가면서 얼마든지 상황에 맞추어서 해낼 수 있어.'하고 생각할지도 모르겠다.

그래 좋다. 그렇게 할 수 있겠지만, 성공할 확률은 정말 적다. 통계적으로 상황은 당신 편이 아니다. 당신이 '지옥 문 앞에 갔다 온 사람들' 틈에 끼고 싶다면 모를까!

얘기 좀 합시다!

미식축구 역사상 아마 가장 재빠른 공격수였을 파머 프랑 타킹턴의 기념홀에는 이런 수수께끼가 있다.

질문: "삶과 140킬로그램의 수비수의 공통점은 무엇입니까?"
답: "둘 다 움직이지 않으려는 사람들을 혼내 준다는 것입니다."

이 수수께끼를 조금 고쳐서, 삶을 결혼한 삶이라고 바꾸어도 답은 변하지 않는다. 결혼한 사람이 적극적으로 결혼생활을 위해 뛰지 않는다면 혼이 날 것이다.

당신이나 나나 누구나 잔디밭에 얼굴을 처박히고 싶지 않을 것이다. 어떻게든 그런 상황은 피하고 싶다. 결혼할 때 이런 거인 같은 수비수가 집으로 쳐들어오리라고는 아무도 생각하지 못한다! 그래서 아무 대비도 없이 결혼식을 끝내고 결혼생활로 들어간다. 그렇지만 머지않아 신랑 신부는 이 거대한 거인이 자신에게 성큼성큼 걸어오는 것을 몇 번이고 보게 될 것이다.

이상하게 들리겠지만, 이 거인은 이렇게 생겼다.

• 아내에게 신경에 좀 거슬리는 습관이 있는 줄 어찌 알았겠는

가! 아내는 어떻게 내 버릇을 모를 수가 있지?

- 연애할 때 나는 아내의 성격을 알고 있다고 생각했다. 그런데 아니었다.
- 아내는 내가 장모님을 좋아한다고 생각했고, 나는 아내가 우리 아버지를 좋아하는 줄 알았다.
- 나는 초록색 페인트를 싫어하는데 아내는 초록색 페인트를 너무 좋아한다.
- 나는 가구에 격자무늬가 있는 것을 싫어하는데 아내는 격자무늬 천 가구를 너무 좋아한다.
- 아내는 악어와 씨름을 하듯 온 방 안을 헤집고 다니면서 잔다. 나는 제자리에서 꼼짝도 않고 자는데, 불행히도 아주 예민한 편이다.
- 거실에서 낮잠을 자는데 아내가 부엌 찬장을 쾅 닫는다.
- 내 눈에는 차 안의 먼지가 안 보이는데 아내는 먼지 때문에 계기판 숫자도 안 보인다고 한다.
- 나는 방귀를 잘 뀌고 몸을 긁적댄다. 그런데 아침에 아내의 입 냄새는 파리도 죽일 만큼 지독하다.[44]

결혼생활의 초보 운전자들은 아직 이런 경험을 해 보지 않았을지 모른다. 하지만 조금만 기다리면 된다. 내일의 해가 동쪽에서 떠오르듯이, 월드 시리즈의 우승컵이 누구에겐가 돌아가듯이 이런 비슷한 일들은 꼭, 반드시 일어난다. 그런 상황이 벌어지면 어떻게 대처할 것인가? 그런 일을 당할 때 본능적으로 솟아오르는 불안감을 어떻게 해소할 것인가?

이렇게 말하는 전문가들이 있다. "결코 아내를 변화시킬 수 없다." 아니면, "결혼생활에 변화를 가져오려면 두 사람이 함께 협력해야 한다."라고 한다. 이 전문가들의 말은 반만 맞다. 남편과 아내는 서로에게 지대한 영향을 미친다. 다른 말로 하면, 당신은 아내를 변화시킬 수 있다. 아내를 변화시키는 세 가지 원칙이 있다. 그 첫 번째 원칙은 지금 한 말의 정반대다.

원칙 #1: 애시당초 아내를 변화시키겠다는 생각을 버린다

이것이 가장 이해하기 어려운 원칙일 것이다. 변화시키는 방법이 변화시키려는 의지를 포기하는 거라니, 말이 되지 않는다. "당신이 아내를 변화시킬 수 있다고 말한 것 같은데, 지금 포기하라고 말씀하신 건가요?"

정확히 그렇다.

모순된 말 같다. 그렇지만 제일 강력한 원칙은 아내를 변화시키려 절대 애쓰지 않겠다고 결심하는 것이다. 아내의 몸무게, 살림하는 방법, 약속에 늘 늦는 버릇, 잠자리를 꺼림, 잔소리 등 아내의 이런 습관을 변화시키려고 하면 할수록 둘 다 더욱 힘들어질 것이다.

당신이 결혼한 이 여자는 완벽하지 않다. 아주 많은 남자들이 이런 사실을 발견하고는 놀라고 좌절한다. 그래서 어떤 남자들은 아내의 이런 약점을 가지고 자신의 거친 행동을 정당화시킨다. 이렇게 변명하는 것을 들어 보았을 것이다. "다른 사람들이 아내가 어떻게 행동하는지 몰라서 그래요."

어떤 남자들은 아내 변화시키기를 가정의 제일 목표로 삼는다. 그래서 아내에게 '유익이 되는' 충고를 끊임없이 해 댄다.

- "올해는 몇 톤이나 몸을 불릴 생각이야?"
- "당신은 말이 너무 많아."
- "결혼하고 당신의 조그만 애정을 얻어 내기가 이렇게 힘들 거라고는 생각도 못했어."

왜 이런 말을 하느냐고 질문하면, 그저 아내를 돕고 가정을 더욱 발전시키기 위해서라고 대답한다. 그러나 물론 아내의 생각은 전혀 다르다.

상담을 하면 이런 남편들은 '아내의 잘못을 미주알고주알 죄다 말하면서' 자신의 죄에 대해서는 피상적으로만 인정한다. "좋아요. 저도 인정해요. 저도 완벽하지는 않으니까요. 그렇지만 전부 제 잘못은 아니라고요. 제가 이렇게 된 데는 아내도 어느 정도 책임이 있다는 것을 인정하고……." 이런 말은 고백이라기보다는 변명에 지나지 않는다.

아내를 고치려는 시도는 결국 모두 허사로 돌아갈 뿐 아니라, 아내를 고치려고 애쓰다 보면 결국 아내에 대한 사랑도 줄어들기 쉽다. 혹시 잠깐 행동의 변화가 있다 하더라도, 이렇게 요구하는 방식은 단지 '역효과'만 보게 될 수 있다. 싫어하는 행동을 없애려고 하다 보면 아내에게 끌리게 된 바로 그 매력도 죽여 버리고 말 것이다.

아내에게 '너무 말이 많다'고 계속 억압하면 당신의 '처음 사랑'을 받으며 생긴 자연스러움이 상처를 받는다. 아내의 식습관을 끊임없이 지적하면 아내는 불안해 하고 자존감을 잃어버릴 수 있다. 성적인 불만을 계속 말하면 아내는 아예 의욕조차 잃어버릴 것이다.

남편이 아내의 단점에만 주의를 기울이면, 아내를 진심으로 사랑함으로 발생하는 남자의 진정한 사랑을 잃어버리는 비극이 발생한다. 오히려 그런 참된 사랑만이 아내에게 진정한 변화를 가져올 수 있다. 끊임없이 아내를 변화시키려 들면 결국 무기력감에 빠져 의기소침하게 된다. 아내의 변화는 아내를 향한 참된 사랑의 부산물일 뿐이다. 직접적이고 무자비한 요구로는 아내의 변화를 얻어 낼 수 없다.

원칙 #2: 변화가 일어날 수 있는 환경을 조성한다

당신의 결혼생활은 살아 있는 유기체다. 매순간 자라기도 하고 죽기도 한다. 성장은 항상 변화를 의미한다. 사랑하는 아내를 발전시키는 것이 남편의 큰 욕구 중의 하나이기 때문에, 자신의 어떤 말이나 행동에도 아내가 영향을 받지 않는다면 그보다 더 좌절감을 느끼게 하는 것도 없을 것이다.

피터는 마이크의 상담실로 들어와 구석에 있는 의자 위로 쓰러지듯 앉았다. 몹시 피곤에 지친 것 같았다. 그렇지만 얼굴은 아주 행복해 보였다. 마치 아내에 대해 그 무엇보다 중요한 결심을 하기 위해 신체의 에너지를 다 쓴 것 같았다. 그러나 얼굴은 자신이 내린 결정을 너무 기뻐하고 있는 것으로 보였다.

"다시는 케이티를 비난하지 않겠어요." 피터가 마크에게 말했다.

마크는 설명을 기대하며 책상에서 그를 바라보았다. 마크는 피터와 케이티의 결혼생활을 잘 알고 있었고, 비판적인 남편 때문에 케이티가 아주 힘들게 살고 있는 것을 알고 있었다. 그런데 단 한마디로 피터는 자기가 해야 할 일을 자기 입으로 말한 것이다.

6개월 뒤 마크는 우연히 교회 모임에서 케이티를 만났다. 마크가 요즘 남편과는 어떻게 지내느냐고 묻자 케이티의 눈이 반짝거렸다. 그러니까, 피터가 자신의 약속을 지키자 두 가지 변화가 일어난 것이다. 아내 케이티가 남편 피터를 신뢰하기 시작했고, 피터 옆에서도 마음이 편안해지기 시작했다. 그리고 일단 옆에서 계속 자기를 지켜보고 비판하던 사람이 없어지자 그녀는 스스로 변화하려는 모험을 시작했다.

변화는 비판적인 문화 속에서는 배양되지 않는다.

이런 실험을 한번 해 보자. 아내와 마주 보고 서서 손바닥을 앞으로 들어서 마주 대고 천천히 아내 손바닥을 밀어 보는 것이다. 어떻게 하라고 말하지 않아도 분명 아내는 따라서 같이 손을 밀 것이다.

평생 아내와 서로 밀면서 살아간다고 한번 생각해 보자. 얼마나 끔찍한 일인가! 변화는 압력이 사라진 상냥함과 관대함 속에서 생겨난다.

정원에 심은 씨앗을 강제로 자라게 할 수는 없다. 작은 싹을 억지로 잡아당겨서 자라게 할 수도 없다. 그렇지만 싹이 자라날 수 있는 환경을 제공할 수는 있다. 즉 격려해 주고 나서 자라기를 인내로 기다리는 것이다.

원칙 #3: 아내를 변화시키는 가장 효과적인 방법

딱 두 단어다. 당신을 바꾼다. 연장통에 들어 있는 연장 중에서 아내를 변화시키는 가장 강력한 연장은 바로 자신이 변해야 할 부분을 찾는 것이다.

직접 한번 해 보면 몸에 밴 습관을 바꾸는 것이 얼마나 어려운지 인정하게 될 것이다. 이렇게 인정하고 보면 참고 인내하기도 조금 쉬워질 것이다. 다음으로, 자신에게 아주 작은 변화라도 가져와야, 결혼해서 자기만 희생당하는 것 같은 기분을 갖지 않을 수 있다. 마지막으로, 남편이 자기 자신을 변화시키면서 아내에게 무조건적인 사랑을 베푸는 것만큼 아내로 하여금 바뀌어야겠다고 생각하게 하는 강력한 동기는 없다.

이 원칙을 전혀 따르지 않는 경우를 보자. 아내가 차의 속도를 늦추어 달라고 부탁한다. 계속해서 부탁한다. 당신은 아내 말을 완전히 무시한다. 당신이 화를 잘 내는 편이라면 아내가 말할 때마다 오히려 가속페달을 더 밟을 것이다. 그래서 아내가 변하지 않을 환경을 조성하게 된다. 그런 일이 반복될 때마다, 또 그 비슷한 상황에서 이렇게 서로를 밀어내는 반사작용은 점점 심해지고 굳어진다.

이제 이 원칙이 지켜지는 상황을 보자. 아내가 차의 속도를 늦추라고 부탁한다. 여러 번 반복해서 부탁한다. 그러자 당신이 속도를 늦춘다. 더 좋은 것은 정말 미안하다고 말하면서 속도를 늦춘 것이다. 당신이 이겼다. 아내는 더 이상 당신이 운전할 때 화내지 않는다. 그리고 아내를 향한 사랑을 매우 실질적으로 보여 주었다(게다가 과속 범칙금이 얼만데).

그리고 축하할 일이 또 있다. 아내도 이겼다! 아내는 남편의 행동을 변화시킬 수 있었다고 느끼게 된다. 그리고 가장 중요한 것은 당신의 결혼생활이 승리했다. 왜냐하면 계속 긴장감이 돌게 하던 요인이 사라져 버렸기 때문이다. 당신이 자신의 행동을 바꾸는 것을 보여 줌으로써 "우리 가정에서는 행동을 바꾸는 것이 원칙이다."라고 말하는 것이 된다.

당신이 먼저 해야 한다. 아내를 바꾸기 위한 술책이 아니라, 정말 아내를 기쁘게 해 주고 싶은 순순한 마음으로 하자. 그것만이 아내 스스로 변하게 하는 유일한 길이다.

이혼으로 가는 길을 방해해 보자

이런 이야기를 들어 본 적이 있는가? 아내에게 너무너무 화가 난 어떤 남자가 단순히 이혼만으로는 만족할 수 없었다. 그래서 변호사에게 가서 지금까지 행해진 방법 중에서 가장 잔인하게 이혼할 수 있는 방법을 가르쳐 달라고 했다.

"앞으로 30일 동안", 그는 말했다. "아내에게 엄청 잘해 주고 아내가 정말 자기를 사랑한다고 믿게 만들고 나서, 이 이혼 서류를 내

미세요. 그러면 아내는 정말 미쳐 버릴 겁니다."

남편은 정말 기발한 아이디어라는 생각이 들어서 바로 행동으로 들어갔다. 그 후로 30일 동안 그 남편은,

- 아내에게 뜻밖의 선물을 사다 주었다.
- 달콤한 사랑의 편지를 보냈다.
- 특별한 장소에 가서 함께 데이트했다.
- 아내의 충고를 다 받아들이고 자신의 행동을 고쳤다.
- 오스카 조연 연기상을 받을 만한 친절한 말투로 말했다.

30일이 거의 다 되어 변호사로부터 전화를 받았다. "아내에게 보낼 이혼서류가 다 준비되었는데요."

"지금 농담하세요?" 남편이 대답했다. "그 서류는 잊어버리세요. 제 아내와 저는 지금 최고로 행복한 순간을 보내고 있다고요!"[45]

『여자의 인생에서 가장 중요한 한 해』와 만나기

이 책의 가장 큰 목표는 당신과 아내를 함께 대화하게 해서, 아내는 남편을 알고 사랑하는 전문가가 되게 하고, 남편은 아내의 마음을 이해하고 남편을 사랑하려는 아내의 행동에 적극적으로 응답하게 하려는 것이다. 여기에는 지금껏 읽은 내용을 이해하도록 돕고, 당신과 당신의 결혼생활에 영향을 미칠 수 있도록 만들어진 질문들이 있다.

그렇지만 이 질문에까지 오기 전에 지금 읽고 있는 내용을 가지고 아내에게 질문하고 싶을 것이다. "정말 당신도 이래?"라든지 더 나아가, "여기 있는 대로 해 주면 당신은 어떨 것 같아?"라고 질문하는 것도 자기 아내를 사랑하는 전문가가 되는 데 도움이 된다.

각 장마다 '터치 포인트'와 '크로스 오버'라는 질문들이 있다. '터치 포인트' 질문은 아내와 함께 이야기해 보도록 제시했고, '크로스 오버'는 아내가 읽은 내용을 가지고 이야기하거나 당신이 읽은 것을 나눌 수 있는 기회를 준다.

이 장은 최대한 융통성을 발휘할 수 있게 되어 있다. 혼자 질문에 답해 볼 수도 있고, 시간을 정해 놓고 아내와 함께 할 수도 있고, 가까운 친구와의 만남이나 모임에서 활용할 수도 있다. 원하는 대로 활용하자. 각각의 장을 각각 다른 방법으로 활용할 수도 있다. 어떤 장은 모든 질문에 다 답할 수도 있고, 어떤 장은 몇 문제만, 혹은 한 문제만 고를 수도 있다. 어떤 방법으로 활용하든 관심을 집중하고 큰 노력을 들여서 결혼 첫해인 올해를(혹은 결혼 첫해가 아니어도 올한 해를) 당신의 인생에서 가장 중요한 해로 만들기 바란다

서론

1. 이 책을 어떻게 접하게 되었는가? 무슨 의도를 가지고 책을 읽게 되었는가?
2. 결혼에 대해서, 자신에 대해서, 아내에 대해서 더 알고 싶거나 이해하고 싶은 것은 무엇인가?
3. 책 가운데 좀 읽기 거북한 제목이 있었는가? 있다면 이유가 무엇이었고, 없다면 왜 없었는가?

---- 터치 포인트 ----
주위에 알고 있는 부부들을 생각해 보자. 그 부부들의 어떤 면이 가장 존경스럽고 좋아 보이는가?

제1장. 가장 중요한 해: 맞이한 아내를 즐겁게 할지니라

1. '정복자의 태도'(23쪽)와 '선택하지 않기로 선택함'(23쪽)에 당신은 어느 정도 해당하는가? 본인의 모습이 이렇다면, 어떻게 해야겠다는 생각이 드는가?

2. 오랜 세월 동안 그 효과가 입증된 '결혼 첫해에 완전히 투자한다'는 원칙을 다시 한번 생각해 보자. 일 년 동안은 아내를 사랑하는 법을 배우기 위해 '전쟁에도 나가지 말고' 다른 어떤 일도 하지 말라는 촉구를 받아들이겠는가? 당신이 "그렇게 하겠다"라고 결심한 것을 어떻게 알 수 있을까? 어떻게 인정받겠는가?

3. 결혼에서의 주의력결핍과잉행동장애(A.D.H.D.)의 원인이 되는 방해요소는 무엇이 있는가? 이런 요소를 완전히 없앨 수 없다면, 적어도 최소화할 수 있는 방법은 무엇인가? 결혼생활에 관심을 집중할 책임은 누구에게 있는가?

4. 연애할 때 아내를 기쁘게 하기 위해서 어떤 친절한 행동을 했었고 어떤 노력들을 기울였었나? 이번 주에 그중 무엇 하나를 실행하고, 다음 주에는 무엇을 실행할 것인가?

> **터치 포인트**
>
> 다음 중 한 가지를 선택하거나 혹은 자신이 쓴 것을 일 년간 결혼생활의 신조로 삼자.

- 결혼생활이 실패하는 원인은 적게 투자해서가 아니라 너무 늦

게 투자하기 때문이다.
- 아무 생각 없이 투자하기는 쉽다. 그렇지만 현명하게 투자하기 위해서는 관심을 기울이고 신경을 많이 써야 한다.
- 결혼 첫해의 내 임무는 내 아내에 대해 전문가가 되는 것이다.
- 내 아내와 좋은 관계를 형성하는 것이 나의 가장 중요한 임무다.
- 내가 내 아내의 행복을 최우선에 둘 때 아내도 나를 기쁘게 하고 싶어 한다.

크로스 오버

아내에게 결혼 첫해에 우울증을 느끼는 여자들에 대한 통계를 말해 주고, 아내가 신부에서 아내로 바뀌면서 가장 슬펐던 것이 무엇인지 알아보자. 그리고 아내에게 해 줄 수 있는 가장 의미 있는 말이 무엇인지 물어보자.

제2장. 요구: "Yes"의 나선

1. 마틴 루터는 이런 현명한 말을 했다. "아내가 남편이 집으로 돌아올 때를 기다리고 집에서 나갈 때 슬퍼하게 만들라." 어떻게 하면 아내가 당신이 집에서 나갈 때 슬퍼질까? 어떻게 하면 그렇게 될 수 있을까?

2. 잠언 31장의 현숙한 아내 뒤에 숨어 있는 남편의 예에서 배우자 (31~33쪽).

- "그런 자의 남편의 마음은 그를 믿나니" 아내를 어린아이 취급

하지도 않고 엄마처럼 해 주기도 바라지 않고 대신 아내가 가진 은사를 개발하게 하는 방법은 무엇이 있을까? 아내를 온전히 신뢰한다는 사실을 은근히 혹은 분명하게 전달할 수 있는 방법은 없을까?

- "그 남편은 그 땅의 장로로 더불어 성문에 앉으며 사람의 아는 바가 되며" 아내를 믿는다는 사실을 보여 주기 위해 무엇을 할 것인가. 아내를 존중하고 아내의 성공을 어떻게 축하하겠는가?

3. "Yes"의 나선은 사랑을 보여 주는 일을 상대방보다 더 뛰어나게 잘하는 것이다. Yes 나선형 대화와 No 나선형 대화를 다시 한번 생각해 보자. 이번 주에 직접 아내에게 긍정적인 대답을 주는 실험을 해 보는 것이다. 그 결과를 살펴보고 또한 상승하는 Yes 나선형과 하강하는 No 나선형에서 각각 얼마나 많은 에너지가 소모되는지 살펴보자. 아내를 위해 죽는다는 것은, 사형대 앞에서는 것보다는, 사람들 눈에 띄지 않고 별로 칭찬받지 못하는 작은 일로 되는 것임을 잊지 말자.

···· 터치 포인트 ····

중요한 순서대로 아내가 당신에게서 가장 원하는 것 다섯 내지 여섯 개를 적어 보자. 일반적인 내용도 좋고 구체적인 내용도 좋다. 당신이 생각한 것을 보여 주지 말고 아내에게도 동일하게 적어 보라고 하자. 쓴 내용을 가지고 시간을 내서 만나 비교해 보자. 잃어버린 주머니칼을 엉뚱한 곳에서 찾고 있던 아이들의 이야기로 시작해도 좋다(40쪽).

> **크로스 오버**
>
> 아내는 남편이 아내에게 가장 원하는 것 다섯 가지를 읽었다(여자 편 42쪽). 그것을 살펴보고 당신이 아내에게 정말 바라는 것과 일치하는지 살펴보자. 그러면서 아내에게, 당신이 거절하지 않는다고 하면 어떤 것을 해 주고 싶은지 물어보자.

제3장. 영적 연합: 정말 중요한 데 투자하라

1. 하나님께서는 단지 부부가 같은 집 주소를 쓰고, 성이나 스포츠나 여러 가지 활동을 함께하고 또 공통의 신념을 함께 갖는 것만을 위해 결혼제도를 주지 않으셨다. 사람들이 놓치기 쉬운 영적 연합은 남편과 아내에게 전혀 새로운 연합을 가져다 준다. 당신과 아내가 영적인 연합을 실패하고 있다면 그 이유는 무엇인가? 영적인 연합을 위해 무엇을 함께 노력할 수 있을까?

2. 바비가 결혼한 지 1년도 안 돼서 임신을 했을 때 내가 결혼생활 가운데 '할 수 없었던' 것을 통해 배웠던 것처럼, 당신도 좋은 의도나 자신의 힘만으로는 결혼생활에서 '할 수 없는' 것이 무엇이 있을까?

3. 영적인 연합이나 '영적으로 벌거벗기'에 대해 생각해 보자.

- "나는 흔들리는 푸딩처럼 벌벌 떨린다."라는 수준을 '1'이라고 놓고, "나는 마음에 숨겨진 영적인 의심이나 두려움을 드러내는 것이 얼마나 귀한지 깨달았기 때문에 그렇게 하는 것이 전혀 힘들지 않다."를 '10'으로 놓을 때, 당신의 '영적 벌거벗기'

는 어느 수준인가? 왜 그렇다고 생각하는가?
- 하나님 안에서의 결혼임을 보여 주는 실질적인 행동에는 무엇이 있을까? 48쪽에 나와 있는 몇 가지 제안을 참조하자.
- 하나님과 영적으로 가깝다는 것은 매일의 일상에, 특히 작은 일들에 하나님을 개입시키는 것이다. 어떤 연결고리(하루하루의 삶에 되풀이되는 일)와 기도걸이(친근한 장소, 물건, 상황)가 당신으로 하여금 기도하게 하는가? 자신만의 연결고리와 기도걸이를 생각해 보자.

4. 교회를 신부로 삼아 하나님께서는 신부에게 신실한 신랑의 모습을 보여 주고 계신다. 하나님께서는 항상 주의를 기울이고 계시고, 신뢰할 수 있고, 겸손하시고, 존귀하시다. 당신은 이 네 가지 신랑의 특성 가운데 어떤 특성을 개발하기 원하는가? 구체적으로 생각해서 이번 주에 행할 일을 하나 정하자.

···· 터치 포인트 ····

아내가 가정에서 함께 세워 갈 영적인 습관으로 원하는 것이 무엇인지 물어보자. 불완전한 결혼생활을 하는 사람들일지라도 함께 믿음 생활을 할 사람들의 모임을 아내와 함께 찾아 보자.

― 크로스 오버 ―

아내는 아내들이 육체적인 결합을 부끄러워하는 것과 마찬가지로 남편들이 영적인 연합을 어색해 한다는 내용을 읽었다. 본인들도 그런지 함께 토론해 보자.

제4장. 원가정: 흐르는 강물처럼

1. 결혼은 마치 급류에서 래프팅을 하는 것과 같다. 우리가 나서 자란 본래 가정에서 가지고 온 잔재들은 마치 물속에서 흐르는 급류처럼 강력하다. 아내 바비가 한 그릇 가득 아이스크림을 퍼온 것과 내 아버지가 이웃사람들과 전혀 관계를 맺지 않고 사셨던 것을 기억하는가? 아내의 '정상적인 것들'과 자신의 '정상적인 것들' 중에서 다른 것을 발견한 적이 있는가? 한두 가지 예를 들어 보자.

---- 터치 포인트 ----
이 장에 나오는 가계도를 실제로 작성해 보자(63쪽). 우선 가계도를 그리고 사람들에 대한 간단한 설명을 쓰고, 그중에서 특히 좋아하는 부부가 있는지 이야기한다.

가계도에 나온 사람들을 간단하게 설명하자. 부모님과 조부모님에 특히 주의를 기울이자.

- 두 분의 부부관계는 어떠했나? 좋았나, 나빴나?
- 두 분은 갈등 상황을 어떻게 풀어 가셨나?
- 두 분이 함께 나눈 영적인 삶에 대해 말해 보자.

조직도를 샅샅이 살펴보고 당신이 존경하는 부부가 있었는지 보자. 왜 존경하는가? 자신의 '정상적인 것들 리포트'를 작성하자. 다음의 다섯 가지 질문에 답하자.

- 이런 가족 구조에서 자란 사람이 보는 정상적인 남편의 모습.

- 이런 가족 구조에서 자란 사람이 보는 정상적인 아내의 모습.
- 이런 가족 구조에서 자란 사람이 보는 정상적인 결혼생활.
- 이런 가족 구조에서 자란 사람이 보는 갈등을 해결하는 방법.
- 이런 가족 구조에서 자란 사람이 보는 부부들의 신앙 생활.

이것을 통해 자기 자신에 대해 어떤 이해를 갖게 되었는가? 당신이 보기에 갈등이나 위험을 초래할 요소는 무엇이 있었는가?

크로스 오버

아내도 가계도를 그려 보게 했다. 아내의 가계도와 본인의 가계도를 비교하자. 당신이 보지 못하는 패턴이 있는지 아내에게 물어보자.

---

1. 자신에 대해 가계도가 보여 주고 있는 것에 비추어 자신의 '정상적인 것들'에 대한 '십계명'을 만들자. 65~68쪽에 있는 리스트와 비교해 보자. 그중에 자신의 톱 텐이 있을 수도 있다!

2. 자신의 불문율—정상적인 것들—을 인식하면 할수록 자신이 가진 것들을 인식하기 쉽다. 그렇지만 결혼 전에는 그런 패턴들이 보이지 않는다(67쪽의 토론을 다시 살펴보자). 이렇게 눈에 보이지 않는—어떤 증상도 보이지 않는—것 때문에 잘못된 진단을 내릴 수 있다. 그렇지만 당신과 아내의 '정상적인 것들'의 패턴을 살펴봄으로써 둘 사이에서 가장 크게 갈등이 일어날 수 있는 곳을 찾을 수 있다.

3. 부바 학생처럼 스트레스를 받는 상황에서는, 자신의 어떤 '정상적인 것들'이 나타날까? 어떤 것인지 그리고 어느 때 나타날 지 구

체적으로 말하라.

4. 최근에 이렇게 말해서 갈등이 심해지지 않고 해결된 적이 있는가? "여보, 있잖아요. 내가 그렇게 말한 이유는 우리 집에서는 그런 식으로 지내오지 않았거든요. 당신이 그렇게 하는 것이 나쁘다는 게 아니라 단지 익숙하지 않아서 그랬어요." 구체적인 상황을 이야기하자.

제5장. 역할: 당신이 높은 자리에 앉으려고 할 때

1. "결혼은 팀 스포츠가 아니다. 오늘 당신이 할 일이 내일 아내가 할 일이 될 수 있다. 내일 아내가 할 일이 다음 날 다시 남편이 할 일이 될 수 있다."라는 말을 들었을 때 처음 느낌이 어떠했나?

2. 아내가 필요로 하는 남편의 세 가지 역할에 대해 깊이 생각해 보자.

첫째로 당신은 리더다. 결혼생활에서 리더십의 핵심은 종의 자세다. 80쪽에 나온 상황 속에서 종의 자세라면 무엇을 선택하겠는가? 이번 주에 아내를 섬김으로 아내를 이끌 기회는 무엇이 있을까?

두 번째, 당신은 전사다. 선택하자. 당신은 리안이나 윌이나 미치(82쪽) 중에서 누구와 비슷한가? 잘못된 전투 대상으로는 무엇이 있을까? 비록 건설적인 습관이나 태도일지라도 지나치면 결혼을 위협할 수 있는 것에는 무엇이 있을까? 이것들과 싸울 전투 전략은 무엇인가?

세 번째로, 당신은 애인이다. 아내에게 가장 감동을 주는 사랑의 표현이 무엇이 있을까? 선물, 여행, 쇼핑, 시간, 상냥함, 관심을 집중하기, 그 외에 다른 것일까? 확신이 서지 않으면 아내에게 물어보자. 아내식의 표현으로 아내에게 사랑한다고 말하자.

> **터치 포인트**
>
> 아내도 리더, 전사, 애인이 남편의 가장 중요한 세 가지 역할임을 공감하는지 물어보자. 또 어느 것이 가장 중요한 역할인지, 아니면 다른 중요하게 생각하는 역할이 있는지 물어보자.

> **크로스 오버**
>
> 아내에게 아내의 책에서 아내의 가장 중요한 역할 세 가지가 무엇이었는지 물어보자. 아내에게 이 역할을 중요하다고 생각하는지 아니면 이곳에 없는 다른 중요하게 생각하는 역할이 있는지 물어보자.

제6장. 대화 : 말로 하는 전희

1. 결혼생활 중 어느 때에 아내가 마치 600미터 상공에 갇혀 있는 알렌 레인지처럼 느끼겠는가? 당신의 어떤 행동이나 우선순위가 아내를 관제탑과 교신하기 위해 애쓰게 만드는 정신적 공황상태를 만드는가?

2. 어떻게 아내를 진정으로 인정해 줄 수 있을까? 지금 실천하자. 그것이 아내의 마음을 열고, 당신을 더욱 깊이 사랑하게 할 것이다.

3. 당신 아내는 목적 없는 대화가 필요하다. 사실 아내들에게는

무슨 말을 하는가보다 말을 한다는 것 자체가 중요하다. 아내가 목적 없는 대화를 좋아한다는 확실한 증거는 무엇인가? 그리고 언제 이런 대화를 하는 것이 특별히 어려운가? 이런 어려움을 극복하기 위해서 무엇을 해야 할까?

> **터치 포인트**
>
> 아내가 '예/아니오' 질문에 어떻게 대답할 것 같은가? 생각해 보지 않았다면 지금 생각해 보자. 아내가 질문에 답해 보지 않았다면 지금 하게 하자. 그리고 자신에 대해 깨닫게 된 것이 있다면 솔직하게 인정하자.

> **크로스 오버**
>
> 아내에게 이상적인 대화의 양에 대해 물어보자. 아내가 매일 또는 일주일 동안 당신과 함께 대화해야 할 최소량이 얼마라고 생각하는가?

제7장. 우정 : 친밀한 부부가 되는 비결

1. 아내가 당신과 단지 결혼만 하고 싶은 것이 아니라 친구도 되고 싶어 한다는 것이 당신에게 어떤 의미로 다가오는가? 존 고트만 박사가 결혼생활을 보호하는 가장 중요한 요인이 우정이라고 말한 것에 동감하는가? 아내가 당신의 가장 좋은 친구임을 보여 줄 수 있는 것이 무엇이 있는지 구체적으로 고민하자.

2. 우정을 쌓는 데는 부정적인 말은 하지 않기, 대화하면서 '서로에게 향하기', 함께하는 시간 갖기, 비밀 제로 방침 등이 필요하다.

그중 무엇이 가장 하기 힘든가? 왜 그런가?

우리는 부부가 절대 비밀을 갖지 않을 것을 제안했다.

- 로버트가 바비에게 매일 주차장을 걸어 나오는 여자에 대해 말한 것을 어떻게 생각하는가? 비밀을 이야기해서 생긴 결과에 대해서도 말해 보자.
- 아내 모르게 갖고 있는 비밀이 있는가? 있다면, 언제 말할 것인가?
- 아내가 자신의 비밀을 말할 때 비판하지 않고 어떻게 확신과 용서와 사랑을 표현할 수 있을까? 지금 연습해서 나중에 자연스럽게 말할 수 있게 하자.

터치 포인트

계획이 없으면 부부가 시간을 통제하지 못하고 결혼생활이 일의 지배를 받게 된다. 슬롯 시스템이 도움을 줄 것이다. 115쪽의 설명을 다시 참조하자. 이 슬롯 시스템을 활용해서 일주일에 적어도 여섯 번(아침, 점심, 저녁으로 나누어) 부부가 함께하는 시간을 마련하자.

크로스 오버

하루 종일 아무것도 안 하고 아내와 시간을 보낼 수 있다면 아내가 무엇을 하고 싶은지 물어보자. 그것을 적어 놓고 적어도 한 시간 정도는 투자해서 아내가 원하는 것을 해 주자.

제8장. 갈등: 당신만이 산불을 방지할 수 있다

1. 결혼을 해도 갈등은 사라지지 않는다. 그러나 불이 나서 소방차가 오는 것을 막을 방법들은 있다. 이곳저곳에서 발생하는 작은 불꽃들을 없애지는 못하지만 걷잡을 수 없는 큰 불로 커지는 것은 막을 수 있다.

소방 안전 전략 #1 : 불완전함을 포용한다
- 아내와 결혼해서 함께 사는 것이 언제 힘이 드는가?
- "당신 말이 맞아요. 정말 그렇게 하면 안 되는데, 그렇게 말하면 안 되는데."라고 말해서 갈등을 조기에 진화하는 데 도움이 된 경우가 있었는가? 큰소리로 연습해서 불이 나면 언제든지 사용할 수 있게 하자.

소방 안전 전략 #3 : 상세설명서대로 실제로 해 보자
- 성경을 통해 하나님께서 말씀하시기를 아내를 배려하고 존중하라고 하신다. 그리고 아내를 함부로 대하지 말라고 하신다. 이 명령 중에 당신이 특별히 지켜야 할 부분은 무엇인가?
- 아내에게 말하는 내용만큼이나 말하는 태도가 중요하다는 것을 언제 알았는가? 최근에 언제 다시 생각하게 되었는가? 아내를 험하게 대하면 어떤 상황이라도 변명할 여지없이 잘못이라는 데 동의하는가? 항상 언제든지 그 자리에서 잘못을 인정해야 한다. 아내에게 험하게 말했을 때 가장 잘하는 변명은 무엇인가?

소방 안전 전략 #4 : 아내의 귀에 속삭이시는 하나님의 교훈을 놓치지 말라
- 아내의 제안이나 충고를 쉽게 놓치는 이유가 무엇인가?
- 아내와의 갈등으로 인한 덤불에 붙은 불을 이용하셔서 하나님께서는 당신의 어떤 모습을 다듬어 가실까?

…… 터치 포인트 ……

소방 안전 전략 #2 : 싸우지 않고도 의견을 달리할 수 있다
- 부부만의 제네바 협약을 만든다. 다음과 같은 내용으로 시작할 수 있다.
- 사람들 앞이나 아이들 앞에서(현재 있거나, 앞으로 생길) 상대방을 비난하지 않는다.
- 몸이 피곤할 때는 서로 의견이 다른 문제를 다루지 않는다.
- 절대 욕하지 않는다.
- 아주 긴밀한 관계 속에서 대화했던 예민한 내용을 싸움에 써먹지 않는다.
- 화났을 때 상대방의 신체적 약점을 공격하지 않는다.
- 바비와 내가 했던 것처럼 제네바 협약을 준수할 방책을 논의하라.

어떤 규칙이라도 어긴다면 어긴 사람이 즉시 싸움에서 지는 것이다. 바로 그 자리에서 싸움이 끝난다.

> **크로스 오버**
>
> 아내의 책에 나온 갈등을 진화하는 다섯 가지 진화 방법을 설명해 달라고 하자. 이 중에 어떤 것이 가장 사용하기 힘든지 서로 이야기 하자.

제9장. 돈: 웅크린 호랑이, 숨어 있는 위기

1. 돈과 호랑이는 비슷한 점이 참 많다. 둘 다 매우 아름답고, 매우 매혹적이다. 그리고 둘 다 우리에 제대로 가두지 않으면 아주 위험하다. 돈이라고 부르는 맹수가 너무 커져서, 우리에 잘 가두지 않으면 큰 해를 입을 조짐이 보인 적이 있는가?

2. 당신의 카드 사용 명세서가 보여 주고 있는 당신의 우선순위는 무엇인가?

3. 결혼하면서 가지고 온 돈에 대한 '고정관념'은 무엇인가?

141쪽에 있는 가능성들 중에서 생각해 보자.

이 호랑이를 우리에 가두기 위해 이 장에 있는 '울타리 치는 습관'을 자세히 살펴보고, 돈을 어떻게 올바로 사용할지 생각해 보자.

- 다른 사람과 나누는 일을 정기 예산에 넣자. 왜 나누는 것이 중요한가? 십일조(10퍼센트의 기부)는 당신이 가지고 있는 '고정관념' 중 하나인가? 그렇지 않다면 이런 사실이 당신에게 촉구하는 것은 무엇인가?

- 한도 내에서 '개인을 위한 돈'을 갖는다. 배우자에게 허락받지 않고 쓸 수 있는 약간의 돈을 갖는 것이 당신이나 아내에게 어

떤 효과를 미칠까? 횟수는 얼마가 좋을까? (이것도 분명 또 하나의 '터치 포인트'다)

> **터치 포인트**
>
> 예산을 세우는 것이 자신의 수입 안에서 생활하게 해 준다. 재정적인 어려움은 사람들이 자신이 가진 돈보다 더 많은 돈을 쓰는 데서 시작되고 계속된다. 자신의 벌이 안에서 생활하게 하는 가장 좋은 방법은 부부가 함께 예산을 세우는 것이다. 아직 그렇게 하지 않았다면 지금 당장 시행하자!

> **크로스 오버**
>
> 아내에게 결혼보험료(MIP)를 얼마나 두는 것이 좋을지 상의하자. 돈에 관해서 어떻게 아내에게 사랑과 존중을 가장 잘 표현할 수 있을지 물어보자.

제10장. 섹스: 경기 시작

1. 성에 관한 일을 야구 경기보다는 놀이터에 비교하는 것이 더 좋은 방법이라 생각한다면, 다음과 같은 놀이터의 원칙을 생각해 보자.

- 다양함(놀이 상대가 재미있게 놀고 있는지 항상 확인하라)
- 자발성(완고하게 요구할 권리가 없다)
- 웃음(건강한 부부관계를 가장 잘 보여 주는 것이 함께 웃을 수 있는 능력이다)
- 모두의 승리(잘 노는 게 목적이다)

이 네 가지 요소 중 어떤 부분에서 수리나 업그레이드가 필요할까?

2. 남자들에게 성적 기쁨은 목적지에 있다. 반면 아내는 과정에 있다. 그 과정이란 손길, 키스, 대화('일에 관한 대화'가 아니라 다정하고 인정해 주는 말)를 말한다. 다시 한번 이 과정 중에 빠진 요소는 없는지 살펴보자.

3. '중압감과 거절: 뱅뱅 돌지 않기'(177쪽), '서로를 위해서 만드셨다'(181쪽), '식욕 감퇴'(183쪽) 그리고 '참 기쁨들'(187쪽)을 다시 살펴보자. (한 부분을 살펴볼 시간밖에 없다면 '식욕 감퇴'를 보자.) 어떤 지혜와 경고를 얻을 수 있을까? 쉽게 볼 수 있는 곳에 적어 두자.

터치 포인트

결혼 초기에 성에 대해 솔직하고 대담하게 대화하는 법을 배워야 한다. 그렇지만 그렇게 하는 것이 본인의 '정상적인 것'이 아닐 수 있다. 자신이 자란 가정의 분위기를 다시 한번 생각해 보자. 가정에서 성에 대한 태도는 어떠했는가?(몇 가지 예가 168쪽에 있다.) 건강한 태도였다면 어떤 태도가 있었고, 건강하지 못했다면 어떤 태도를 배워야 할까?

크로스 오버

아내의 야구에 대한 해석을 가지고 당신이 다르게 행동하기를 바라는 것이 있다면 무엇이 있는지 물어보자.

제11장. 처가와 본가: 이들은 누구이고, 내게 무엇을 원하는가?

1. 처가, 본가의 식구들을 대하는 가장 중요한 원칙은 이것이다. 언제나 아내 편에 선다. 언제 아내의 편에 섰었고 언제 아내의 편에 서야 했었나? 그렇게 했을 때 어떤 결과를 낳았나? 그렇게 하지 않았다면, 왜 그렇게 하지 않았고, 다음에 이런 어려움을 극복하기 위해 어떻게 할 것인가?

2. 하한선, 곧 당신의 특별한 행동이나 결정이나 대화 중에서 당신의 최우선의 충성심이 부모에게 있는지 아내에게 있는지 보여 주는 것은 무엇이 있는가?

3. 양가 부모님께 똑같은 시간을 쓴다는 것이 실제로 불가능하다. 어떤 부모님과 더 많은 시간을 써야 하는 상황인가? 배우자 가족과 함께 있는 데 불편한 점이 있다면 무엇이 불편한가? 함께 있을 때 당신의 태도는 어떤가? 부르스를 기억하는가?(201, 202쪽) 아내에 대한 사랑으로 처가 식구들과 일 년에 7일을 헌신적으로 즐거운 시간을 보낼 수 있겠는가?

4. 잘못하는 경우도 있지만 처가, 본가 식구들도 사람이다. 아내의 부모님을 상냥하게 대하는 방법에는 무엇이 있을까? 어떻게 행동해야 자신의 부모님들께 무례하지 않겠는가?

> **터치 포인트**
>
> 명절에 양가에서 서로 줄다리기하는 것을 피할 계획을 세우자. 두 개의 큰 휴일(크리스마스와 추수감사절)을 어떻게 보내기로 했는가? 아직 결정하지 못했거나 결정한 것을 부모님께 알리지 않았다면 적어도 한 달 전에는 알려야 한다.

> **크로스 오버**
>
> 루이스가 어머니의 생일을 잊어버린 사건을 어떻게 처리했는지 아내에게 읽어 주자(192~195쪽). 만약 아내가 조안나의 입장이라면 어떤 느낌이 들지 물어보자. 아내가 남편이 부모님 편인지 아내 편인지 알 수 없었던 때가 있었는지 물어보자.

제12장. 조력: 무언가 변화가 필요할 때

1. 간과한 작은 결정들이 결혼생활을 죽일 수 있다. 아내는 그것을 잘 알고 있기 때문에 작은 일에도 크게 반응을 보인다. 최근에 간과한 작은 결정들이 있었다면 어떤 것이 있었는가? 어떤 작은 일에서 아내가 크게 반응을 보이는가? 자기가 머물 자리를 치우는 것, 늦는 것, 아내 손을 잡아 주는 것과 같은 작은 일 중에서 아내가 가장 중요하게 생각하는 것은 무엇인가? 그리고 이런 작은 일에 아내에게 신실할 수 있는 방법은 무엇인가?

2. 결혼생활의 고장난 부분을 즉각 고치는 것이 매우 중요하다. 경고등이 들어온 것을 누가 먼저 보는가? 아내인가 남편인가?

3. 수많은 남편과 아내들이 서로에게 엄청난 영향을 미치면서 살

아간다. 다른 말로 하면 아내를 변화시킬 수 있다는 뜻이다. 그렇지만 아내의 변화는 아내를 향한 당신의 사랑이 가져다주는 부산물이다. 직접적이고 무자비한 요구로는 변하지 않는다.

- 원칙 #1: 애시당초 아내를 변화시키겠다는 생각을 버린다. 당신의 어떤 말이나 행동이 아내에게 변화하라고 압력을 주는 것 같은가?
- 원칙 #2: 변화가 일어날 수 있는 환경을 조성한다. 변화가 일어나는 환경은 비판이나 압력을 가하는 문화에서는 결코 조성되지 않는다. 변화를 일으키기 위해 어떤 압력을 행사해 왔는가? 변화가 가장 잘 일어날 수 있는 환경인 수용과 사랑이라는 문화를 만들기 위해 할 수 있는 가장 중요한 일은 무엇인가?
- 원칙 #3: 아내를 변화시키는 가장 효과적인 방법은 자신이 먼저 변하겠다고 결심하는 것이다. 아내가 바라는, 당신에게서 바뀌어야 할 부분은 무엇인가? 몇 가지 손에 꼽아 보고 그중 한 가지를 오늘 실천하자.

터치 포인트

아내와 함께 결혼의 안전망을 설치하자. 필요할 때 도움을 청할 수 있는 지원팀을 구성하자(신뢰할 수 있는 나이가 많은 친구, 목사님, 훈련받은 상담자, 부부, 친한 친구들 모임).
안전망에 떨어지지도 않게 해 줄 보호 장비는 무엇이 있을까? 랜디와 티파니의 아이디어(217쪽)를 참조하여 부부만의 방법을 찾자.

— 크로스 오버 —

이 장에 나와 있는 불법 무기들의 리스트를 읽어 주자(215쪽). 이런 파괴적인 무기들을 사용하지 않도록 타협 불가능한 것들의 협정을 맺자.

주

1. "What Happens after the Wedding?" Interview with Pamela Paul, Sheryl Nissinen, and Terry Real(*The Oprah Winfrey Show*, air date: 28 October 2002); Sheryl Nissinen, *The Conscious Bride*(Oakland, Calif.: New Harbinger, 2000), 176.
2. John M. Gottman, *The Seven Principles for Marriage Work*(Three Rivers, Michigan: Three Rivers Press, 2000), 5.
3. Linda J. Waite and Maggie Gallagher, *The Case for Marriage: Why Married People Are Happier, Healthier, and Better-Off Financially*(New York: Doubleday, 2000), 67.
4. Waite and Gallagher, *The Case for Marriage*, 67.
5. Waite and Gallagher, *The Case for Marriage*, 67.
6. Cited in Philip Yancey, *Finding God in Unexpected Places*(Nashville: Moorings, 1995), 82.
7. 잠언 21장 9절, 25장 24절
8. 에베소서 5장 25절
9. See the real-life examples in Les and Leslie Parrott, *Becoming Soul Mates*(Grand Rapids: Zondervan, 1995).
10. 신명기 6장 5, 7절
11. 고린도전서 12장 3~6절을 보자.
12. 빌립보서 2장 7절
13. 그린강은 세계적으로 가장 위험한 래프팅 장소로 알려져 있다. 수년 전 아주 유명한 펩시 광고에서 나온 모험 가득한 장면이 바로 이 강이었다.
14. 에베소서 5장 25절
15. See Gary Chapman, *The Five Love Languages*(Chicago: Northfield, 1992).
16. 어떤 성경들이 성적 관계를 '알다'라는 말로 표현하는 것이 놀라운 일이 아니다. "아

담이 자기 아내 이브를 알매 이브가 수태하여 가인을 낳고 이르되, 내가 주로부터 남자를 얻었다, 하니라."(흠정역 창세기 4장 1절)

17. Chris Fabry, *Focus on the Family Magazine*(February 1999), 3.
18. 찰리 쉐드의 베스트셀러 고전은 *Letters to Karen*과 *Letters to Phillip*이다.
19. 찰리는 오랜 속담을 마음에 새겼다. "어머니가 행복하지 않으면 아무도 행복하지 않다."
20. 홀터모니터는 24시간 연속으로 사람의 심전도를 기록한다. 이로써 일상의 활동 중에 생길 수 있는 심장 박동의 변화를 알게 해 준다.
21. 더 많은 정보를 위해서는 Gottman, *The Seven Principles for Making Marriage Work*를 보자.
22. Gottman, *The Seven Principles for Making Marriage Work*, 17, 20.
23. 제네바 협약이라는 결과를 낳은 과정을 시작한 그의 노력을 기려, 1901년의 노벨 평화상이 헨리 뒤낭에게 수여되었다. 헨리 뒤낭은 세 여성(Harriet Beecher Stowe, Florence Nightingale, Elizabeth Fry)의 주목할 만한 삶에서 영감을 받아, "인간성을 번영시키는 일에서 필수적인 요소들에 여성이 영향을 주었고, 그 영향은 시간이 갈수록 더 가치 있는 것이 되었다."라고 썼다. 뒤낭은 국제 적십자사의 창립자이기도 하다.
24. 베드로전서 3장 7절
25. 골로새서 3장 19절
26. 마크 데브리스와 내가 당신의 개인 재정 전문가일 수는 없다. 그러나 래리 버킷, 론 블루, 데이비드 램지의 도움이 되는 많은 책들뿐만 아니라, 당신이 교회에서 접할 수 있는 훌륭한 수준의 책들(예를 들면 크라운 미니스트리의 것들)이 많다.
27. 내가 제일 좋아하는 프로그램은 퀵북스(QuickBooks)다.
28. 잠언 22장 7절
29. 법정에서 합의할 때도 대부분 부부의 돈은 '그'나 '그녀'의 것이 아니라, '그들'의 돈으로 다루어진다. 법정에서의 의견은 돈이 당신들 공동 소유라는 것으로, 돈을 이러한 식으로 여기는 것도 좋은 발상이다.
30. 사도행전 20장 35절(유진 피터슨, 『메시지』)
31. 디모데전서 6장 10절
32. 나는 이것을 *She Called Me Daddy*(Colorado Springs: Focus on the Family,

1996), pp.35-38에서 아주 자세하게 풀어 썼다.
33. 놀이터로 연상되는 것들을 사용하고자 한다면 여기 몇 가지가 있다. 촛불을 켜놓고 함께 목욕하기 / 아로마 오일을 사용하여 서로 마사지해 주기 / 카트나 썰매 함께 타기 / 사교댄스 배우기 / 병원에 가서 갓난아기 보기(이게 굉장히 먹힌다. 믿어도 된다!) / 시골로 소풍 가기 / 놀이터에서 그네 타기 / 깜짝 만남 계획하기 / 물총 싸움 하기 / 무릎 위에 앉히고 기도하기, 무릎 위에 앉히고 별 바라보기.
34. 이 시점에서 당신에게 유축기 사용법을 이야기해 줄 수는 있지만, 그러지 않겠다. 그것은 금방 충분히 배울 수 있을 것이다.
35. Dennis Rainey, *Family Reformation*(Little Rock, Ask.: Family Life, 1996), 94에서 인용.
36. Peter Blitchington, *Sex Roles and the Christian Family*(Wheaton, Ill.: Tyndale House, 1985), 165에서 인용.
37. 제리 젠킨스는 이 주제를 가지고 *Loving Your Marriage Enough to Protect It*이라는 아름다운 책을 썼다(Chicago: Moody Press, 2000).
38. *Every Man's Battle* by Stephen Arterburn and Fred Stoeker, with Mike Yorkey(Colorado Springs: WaterBrook, 2000)를 강력히 추천한다.
39. *Every Man's Battle*의 저자들은 이 아이디어를 '튕기기'라고 부른다. 당신의 눈을 고무공처럼 대상을 때리고 튕겨나가게 하는 것이다. 이때 눈은 또 다른 것을 보려고 돌아오지 않는 것이다. 이것은 아주 좋은 생각이다!
40. Orel Hershiser, with Robert Wolgemuth, *Between the Lines*(New York: Warner Books, 2001), 144.
41. 창세기 2장 24절
42. Gottman, *The Seven Principles for Making Marriage Work*, 114를 보자.
43. 존 고트만은 이 생각들 중 몇몇을 그의 책 *Why Marriages Succeed or Fail*(New York: Simon&Schuster, 1994)에 기록해 놓았다.
44. 이런 곤혹스러운 일들로 당황하는 것을 피하려는 이유로 혼전동거를 택한 커플들이, 결혼하기까지는 같이 사는 것을 미루는 커플들보다 더 쉽게 이혼하는 경향이 있다고 한다. Pamela Paul, *The Starter Marriage*(New York: Villard Books, 2002).
45. Neil Clark Warren, *Catching the Rhythm of Love*(Nashville: Nelson, 2000), pp.28-30에 나오는 이야기를 개작했다.